K Y G H U L

# TOKYO GHOUL:re

T O K Y O G H O U L

suche LIGHT NOVEL

original story sui ishida novel shin Towada

re

# Charaktere

| | |
|---|---|
| **Haise Sasaki** | Ghulermittler und Mentor der Quinks. Für seine herausragenden Leistungen wurde ihm die Auszeichnung „Weißer Flügel“ verliehen. Außerdem ist er ein talentierter Koch. Es heißt, dass er an Amnesie leidet und ihm die komplette Erinnerung an sein bisheriges Leben fehlt. |
| **Saiko Yonebayashi** | Mitglied der Quinks. Verfügt über gewaltige Krallen, es fehlt ihr jedoch an Ehrgeiz. Sie hat eine Schwäche für Videospiele und Mittagsschläfchen. Obwohl sie eine aktive Ermittlerin ist, hat sie mit Übergewicht und ihrer körperlichen Fitness zu kämpfen. |
| **Hinami Fueguchi** | Mitglied des Phönixbaums. Mit ihrem guten Gehör und ihrem exzellenten Geruchssinn ist sie für ihre Kollegen bei Kampfeinsätzen eine unentbehrliche Hilfe. Häufig ist sie mit Ayato unterwegs. |
| **Ayato** | Ein hochrangiges Mitglied des Phönixbaums, auch bekannt als SS-Klasse-Ghul „Hase“. Ein furchterregender Gegner des CCG. Er beschützt Hinami, die auch dem Phönixbaum angehört. |
| **Juzo Suzuya** | Ghulermittler. Ein Naturtalent des CCG. Trotz seiner außergewöhnlichen Fähigkeiten im Kampf wirkt er wie ein unschuldiges Kind und nascht andauernd Süßigkeiten. Seine Kollegen himmeln ihn an. |
| **Mizuro Tamaki** | Ghulermittler und Angehöriger des elitären Teams Suzuya. Wie alle anderen Mitglieder seines Teams zollt auch er Juzo höchsten Respekt. Sein Hobby: Geld ausgeben. Als Laufbursche des Teams ist er einer hohen Arbeitsbelastung ausgesetzt. |

# T O K Y O G H O U L

**Shu Tsukiyama**

Er ist bekannt als „Gourmet" und der Nachfolger des Tsukiyama-Konzerns. Für ein neues Geschmackserlebnis geht er über Leichen. Wenn er ausflippt, kann er eine echte Nervensäge sein.

**Chie Hori**

Sie ist ein Mensch und Studentin, sieht jedoch aus wie eine Grundschülerin. Sie fotografiert gern und kennt Shu seit ihrer Schulzeit.

**Hairu Ihei**

Ghulermittlerin. Obwohl sie nur wenig Berufserfahrung hat, fungiert sie als Partnerin des Ersten Fahnders Ui. Sie kennt Arima seit ihrer Kindheit und tut alles dafür, um sich seine Anerkennung zu verdienen.

**Kisho Arima**

Der unbesiegte Fahnder, unter Ghulen als „Sensenmann" gefürchtet. Mit seinen außergewöhnlichen Kräften ist er im Kampf gegen die Ghule unschlagbar. Während er bei Einsätzen voll bei der Sache ist, wirkt er ansonsten oft geistesabwesend.

**Itsuki Marude**

Erster Fahnder, der dem Dezernat II angehört. Hat das Kommando bei großen Einsätzen. Seine Kompetenzen sind unumstritten, jedoch ist er wegen seiner direkten Art bei vielen Leuten nicht unbedingt beliebt.

**Mogan Tanakamaru**

Erster Fahnder, der wegen seiner gepflegten äußeren Erscheinung mit Bart und schicker Frisur wie ein wahrer Gentleman wirkt. Trotzdem kann er ein echter Hitzkopf sein. Seine Familie betreibt einen buddhistischen Tempel, weswegen er vermutlich empfänglich für Geistergeschichten ist.

# TOKYO GHOUL:re

T O K Y O G H O U L

suche LIGHT NOVEL


#001 [ quinks ] 009

#002 [ vereinigung ] 053

#003 [ wirkung ] 087

#004 [ resonanz ] 125

#005 [ spannung ] 163

#006 [ gesuch ] 219

TOKYO GHOUL

# #001
# [ quinks ]

rë

LIGHT NOVEL
suche

# I

Unsere Leserinnen und Leser wissen es bestimmt, doch zur Sicherheit sei es noch mal erwähnt: Saiko Yonebayashi war eine Ghulermittlerin, die ihren Job nicht sehr wichtig nahm.

Das rote Licht der Abendsonne bahnte sich seinen Weg zwischen den Vorhängen hindurch auf ihr Bett. Die sanften Strahlen kitzelten ihre schweren Augenlider, doch das trieb sie nicht aus den Federn. Stattdessen wandte sie ihr Gesicht von der Sonne ab, am liebsten wollte sie weiterschlafen.

„Mmh …"

Nach dieser Überdosis Schlaf meldete sich ihre innere Stimme dann aber doch mit einem klaren Nein und so erwachten ihre fünf Sinne. Sie hörte Vogelstimmen – allerdings nicht den Spatzengesang am Morgen, sondern den Ruf der Krähen auf ihrem Weg ins Nest.

Es war 17 Uhr.

Während Schüler und Berufstätige nun bereits nach Hause zurückkehrten, wachte Saiko kurz vor Sonnenuntergang überhaupt erst auf. Ihr Spiegelbild zeigte ein kleines, niedliches Mädchen, auch wenn sie natürlich wusste, dass sie ein paar Kilo zu viel auf den Rippen hatte.

Ständig bekam sie zu hören: „Wer ohne triftigen Grund so spät aufsteht, ist ein Loser!“, und ihre Antwort fiel immer gleich aus: „Ich bin ein übernatürliches Wesen, das über eure Vorstellungskraft weit hinausgeht.“ Die Wahrheit wäre gewesen: „Es bringt mir nichts, früh aufzustehen, wenn mein Lieblingsgame wegen Wartungsarbeiten bis 17 Uhr vom Netz ist“ oder: „Wartungszeiten sind anerkannte Ruhezeiten für Hardcore-Gamer, die von der Spieleindustrie erzwungen werden.“

Sofort startete Saiko ihr Onlinespiel.

„Was kommt nach einer Wartung? Ein Live-Event! Und das superseltene S-Klasse-Item krieg ich auf jeden Fall! Geld spielt keine Rolle!“

In der Vitrine ihres Zimmers standen dutzende Anime-Figuren, an der Wand hingen Plakate und neben dem Fernseher stapelten sich Anime-DVDs.

Sie grinste und wischte auf ihrem Smartphone herum. Es war unvorstellbar, dass dieses pummelige Mädchen im Pyjama eine Ghulermittlerin des CCG, „Commission of Counter Ghoul“, war und die Welt vor menschenfressenden Wesen, den „Ghulen“, beschützte. Nicht einmal sie selbst kam mit dieser Rolle klar.

Und dennoch: Letztendlich war sie ein Mitglied der Quinks, also jener Sonderermittlungseinheit, die mit der neuesten Technologie des CCG ausgestattet war.

Um zu verstehen, was die „Quinks“ so wichtig machte, sollte man einiges über Ghule wissen:

Ghule waren menschenähnliche Wesen. Sie sahen aus wie Menschen, ernährten sich jedoch ausnahmslos von Menschenfleisch. Sie waren sehr athletisch und konnten durch ihre extrem verdichteten Rc-Zellen aus ihrem Körper sogenannte „Krallen“ ausfahren. Normale Menschen waren nicht in der Lage, sich gegen Ghule zu wehren, da keine Klinge und keine Pistole der Welt sie ernsthaft verletzen konnte.

Daher entwickelte das CCG spezielle Waffen namens „Quinken", die aus den Krallen der Ghule hergestellt wurden. Inzwischen war die Forschung so weit fortgeschritten, dass man die Krallen der Ghule problemlos in einen menschlichen Organismus transplantieren konnte. Die Probanden, die sich dieser OP unterzogen, wurden „Quinks" genannt.

Die „Quinks" zeichneten sich nicht nur durch körperliche Fitness aus. Sie verfügten auch über eine ebenso schnelle Regenerationskraft wie Ghule. Anders als bei den meisten Quinken, deren Form man nach der Herstellung nicht mehr ändern konnte, waren die Krallen der Quinks frei beweglich und konnten trainiert werden. Dies entsprach dem neuesten Stand der Technik des CCG und der Vorstand setzte große Hoffnungen auf die Fähigkeiten der Quinks.

Aber …

Entgegen der hohen Erwartungen konnten die Quinks bislang keine überragenden Erfolge vorweisen. Das hatte verschiedene Gründe. Teilweise lag es sicherlich auch an Saiko, die immer noch faul im Bett lag. Sie nutzte die OP, der sie sich als erste Probandin überhaupt unterzogen hatte, als Ausrede, blau zu machen. Mal hatte sie Fieber, mal fühlte sie sich schwach. Sie dachte sich ständig irgendetwas aus, um zu Hause bleiben zu können. Auch heute klagte sie bei ihrem Vorgesetzten über Rückenschmerzen, doch er entgegnete: „Du hast Rückenschmerzen, weil du zu viel geschlafen hast."

Mit ihrem Einstiegsgehalt konnte sie zwar nicht wie eine Königin leben, es reichte aber, um einige Spiele, Anime-Figuren und DVDs zu kaufen. Und außerdem gab es in ihrer WG jeden Tag leckeres Essen.

„Saiko, bist du da? Meister sagt, das Essen ist fertig", meldete sich eine leise Stimme hinter der Tür.

Das Team der Quinks bestand aus den Absolventen der CCG-Junior-Akademie, die den Quinks-Eignungstest hinter sich gebracht und sich der OP unterzogen hatten. Mit Saiko waren es insgesamt vier Leute, die nun zusammen in einem Haus lebten, das von allen „Château" genannt wurde.

Diejenige, die hinter der Tür geduldig auf Saikos Reaktion wartete, war selbst eine der Quinks: Toru Mutsuki.

Saiko stand auf und schaute auf die Uhr. Schon 19 Uhr. Wieder hatte sie ganze zwei Stunden mit ihrem Smartphone zugebracht. Da sie die ganze Zeit nebenbei genascht hatte, war sie nicht wirklich hungrig, antwortete aber trotzdem: „Ja, ich komme!", und öffnete die Tür.

„Führst du mich zu Tisch, Toru?"

Toru lächelte etwas verwundert. Sie hatte bronzene Haut und nackenlange schwarze Haare. Ihr rechtes Auge versteckte sie hinter einer Augenklappe, da es wie bei einem Ghul rot gefärbt war. Eigentlich sollte es nur beim Ausfahren der Krallen rot werden, doch Toru kam nach der OP noch nicht so richtig mit ihrem neuen Körper zurecht. Im Job war sie jedoch fleißig und stets loyal gegenüber ihren Vorgesetzten. Auch zu Saiko war sie nett.

„Wie? Das ist doch keine Cocktailparty!"

„Was gibt's heute?"

„Hacksteak."

Saiko schnupperte in der Luft herum. Der milde Geruch von Fleischbrühe kitzelte ihre Nase: „Als Beilage gibt es in Butter gebratene Karotten, gekochten Brokkoli, Kartoffeln mit schwarzem Pfeffer und eine klare Suppe. Ein perfektes Menü!"

Infolge der Quinks-OP war Saikos Geruchssinn sehr sensibel geworden. Sie sah das Essen auf dem Tisch vor ihrem inneren Auge, als stünde es direkt vor ihr.

„Hnf, bist du ein Hund, oder was?"

Ihr Kollege Ginshi Shirazu kam grinsend aus seinem Zimmer. Mit seinen lässigen Klamotten, dem finsteren Blick und diesen gezackten Zähnen sah er aus wie ein Straßenschläger. Saiko und Ginshi kannten sich schon seit ihrer gemeinsamen Zeit auf der CCG-Akademie. Die beiden hatten immer schlechte Noten in theoretischen Fächern gehabt und häufig nachsitzen müssen.

„Ach, Ginshi! Du findest, ich bin so süß wie ein Schoßhündchen?"

„Das hab ich nicht gesagt!"

„Was? Du willst mir dein Hacksteak überlassen?!"

„Vergiss es, Idiotin!"

Saiko war frech wie immer. Sofort bemühte sich Toru, den Streit zu schlichten.

„Hey, kommt runter …"

„Genau! Ginshi, gib mir einfach dein Hacksteak und der Fall hat sich erledigt."

„Willst du mich provozieren?!"

„Och, Mann! Hört jetzt auf, das Essen wird kalt."

„Nanu? Das ist aber ein Frühstart, Herr Kollege!"

In der Küche saß bereits jemand essend am Tisch. Es war der Teamleiter der Quinks, Kuki Urie.

Er entstammte wie Saiko und Ginshi der 7. Junior-Akademie, doch im Gegensatz zu den beiden war er Jahrgangsbester und Stipendiat. Auch war er bereits zum Ermittler zweiten Ranges befördert worden, während Saiko, Toru und Ginshi noch Ermittler dritten Ranges waren.

Seine Leistungen waren erstklassig, kommunikativ war er jedoch nicht wirklich. Er war ein Einzelgänger und trotz seiner Rolle als Teamleiter oft allein unterwegs. Auch jetzt ignorierte er Saikos Geplapper und aß unbeirrt weiter.

„Oh, werter Herr Urie, Sie scheinen aber großen Hunger zu haben! Wäre es zu viel von Ihnen verlangt gewesen, zu warten, bis alle bei Tisch sind?"

Nachdem er zuvor mit Saiko gestritten hatte, provozierte Ginshi jetzt Kuki. Er schien ihn als Konkurrenten zu sehen.

*Vollidiot!*, dachte Kuki.

„Dein Essen wird kalt", antwortete er Ginshi schließlich, ohne ihn eines Blickes zu würdigen.

„Das wär natürlich nicht gut!", quakte Saiko dazwischen.

„Misch dich nicht ein!"

Alles sah ganz danach aus, als würde gleich wieder eine Bombe platzen, doch Saikos Kommentar entschärfte die angespannte Atmosphäre. Sie setzte sich und faltete die Hände. Toru wandte sich an Ginshi.

„Lass uns auch essen", schlug sie vor und obwohl Ginshi nicht so wirkte, als hätte er sich schon komplett beruhigt, setzte er sich.

„Ist echt selten, dass wir alle zusammen zu Abend essen."

Währenddessen erledigte ihr Mentor Haise Sasaki den Abwasch. Als er fertig war, trocknete er seine nassen Hände ab und lächelte in die Runde. Er setzte sich zu den anderen und beobachtete zufrieden, wie sie ihre Teller leerten.

Dieser gutmütige Mann war ein talentierter Ghulermittler, der mit dem legendären Fahnder Kisho Arima zusammengearbeitet hatte. In den letzten Jahren hatte Haise etliche Auszeichnungen erhalten, so zum Beispiel den „Weißen Flügel“ und die „Goldene Duftblüte“. Ersterer wurde an Personen verliehen, die es geschafft hatten, einen Ghul der S-Klasse zu besiegen. Die „Goldene Duftblüte“ honorierte Ermittler, die in nur einem Jahr über 100 Ghule vernichtet hatten.

Wie seine Quinks-Kollegen kämpfte auch Haise mit Krallen, obwohl er diese auf anderem Wege erworben hatte.

„Hach, riecht das gut!“

Solange das Essen schmeckte, war Saiko völlig egal, welche Vergangenheit Haise hatte. Schließlich bildete ihr Mentor sie und ihre Kollegen nicht nur aus. Obendrein kümmerte er sich freiwillig um den Haushalt.

Aus dem dampfenden Hacksteak lief geschmolzener Käse. Saiko führte einen Bissen mit reichlich brauner Soße zum Mund.

„Mmmh, lecker!“

Das körnige Hackfleisch und der milde Käse füllten Saikos Mund. Und dazu der Reis! Haise entging Saikos Glücksgefühl keineswegs.

„Freut mich, wenn es dir schmeckt. Übrigens“, wechselte er das Thema, „geht’s deinem Rücken wieder besser?“

*Meinem Rücken? Wovon redet der?* Saiko schaute ihn fragend an.

„Du hast doch heute Morgen gesagt, dass du Rückenschmerzen hast." Mit Torus Hilfe erinnerte sich Saiko, weswegen sie heute zu Hause geblieben war.

„Ach, hiaaah, meine Wirbelsäule schreit vor Schmerzen!"

Um die Situation irgendwie zu retten, krümmte sich Saiko heftig.

Haises Mundwinkel zeigten zwar noch immer ein Lächeln, doch sein Blick war eiskalt. Es machte keinen Sinn mehr, ihm weiterhin etwas vorzugaukeln. Damit würde sich sich nur noch mehr Ärger einhandeln. Nach einem kurzen Augenblick, in dem sie verlegen vor sich hin gepfiffen hatte, stopfte sie sich schnell ein paar Karotten in den Mund.

Haise seufzte und redete weiter: „Saiko, du hast morgen einen Tag Urlaub, stimmt's? Ruh dich noch ein bisschen aus, damit du ab übermorgen wieder fit bist."

Ganz richtig. Heute war sie krankgeschrieben, aber für den morgigen Tag hatte sie schon vor einem Monat Urlaub beantragt. Warum? Weil ein neues Spiel auf den Markt kam!

Vor einem halben Jahr hatte sie davon erfahren und seitdem checkte sie jede Info, die auf der offiziellen Webseite veröffentlicht wurde. In den letzten Wochen hatte sie so sehr dem Moment entgegengefiebert, in dem sie endlich anfangen konnte zu spielen, und die Wartezeit hatte sie natürlich mit Zocken verbracht.

„Du machst ständig blau und hast morgen auch noch Urlaub?", murmelte Ginshi mit vollem Mund. „Bestimmt wegen irgendeinem Spiel."

Ginshi traf voll ins Schwarze, obwohl er mit seinen Vermutungen sonst immer danebenlag.

Saiko wehrte sich: „Ginshi, hast du noch andere Hobbys, als rumzuschnüffeln, was eine Dame wie ich am Wochenende macht? Du Perversling!"

„Wer soll ein Perversling sein?"

Wenn Saiko etwas konnte, dann war es, vom eigentlichen Thema abzulenken. Ginshi fielen keine Widerworte ein und so widmete er sich schweigend seinem Teller.

Saiko freute sich schon auf morgen. Zocken machte doch am meisten Spaß, wenn man die Spiele schon vom ersten Verkaufstag an ohne jeglichen Spoiler spielen konnte. Daher plante sie, gleich morgen Vormittag, wenn der Laden aufmachte, das Spiel zu kaufen und ohne Pause durchzuzocken.

„Oh, mein Handy klingelt!", bemerkte Haise. „Es ist Akira."

Am Telefon war seine Vorgesetzte Akira Mado, eine engagierte Ghulermittlerin und Haises Mentorin, wobei er mittlerweile selbst als Mentor Quinks ausbildete. Alle Mitglieder der Quinks gehörten Mados Team an.

„Was ist denn so dringend, dass sie um diese Zeit noch anruft?"

Toru warf einen besorgten Blick in Richtung Haise, der mit seinem Handy am Ohr die Küche verließ.

„Keine Ahnung", stöhnte Kuki und stand auf, als er mit Essen fertig war. *Mir doch egal.*

„Hää?! So spontan?!" Haises entsetzte Stimme ließ Kuki aufhorchen.

„Was ist los? Ein neuer Fall?", fragte Ginshi neugierig.

Haise nickte einige Male am Telefon und legte dann auf. Sein Gesicht war viel ernster als noch vor wenigen Augenblicken.

„Hey, hey, hey, was hast du denn?", gluckste Ginshi.

„Wir haben ein Problem", sagte Haise schließlich und bat Kuki, noch mal Platz zu nehmen, ehe er sich ebenfalls zu ihnen gesellte.

„Morgen kommen Prüfer, um unsere Arbeit zu kontrollieren."

„Prüfer?", wiederholten alle außer Saiko, die in Gedanken wieder bei ihrem Spiel war.

„Es ist eine Anweisung unserer Vorgesetzten. Sie schicken uns Prüfer, die uns bei der Arbeit begleiten."

„Wozu das denn? Sollen wir mit denen zusammen an einem Fall arbeiten?"

Ginshi schien die Lage noch nicht ganz verstanden zu haben.

*Wie dämlich kann man sein?* Genervt fasste Kuki zusammen: „Sie wollen kontrollieren, wie wir arbeiten."

„Und was sollen wir dann morgen machen?", fragte Toru sichtlich nervös. Haise lächelte sie an.

„Ihr arbeitet genauso wie immer. Nur ein bisschen mehr Engagement könnte nicht schaden. Wichtig ist, dass wir morgen als Team auftreten."

„Als Team …" Einzelgänger Kuki runzelte die Stirn. *Ist das nervig.*

„Och, nee! Den ganzen Tag mit dem hier, das halt ich nicht aus!", lästerte Ginshi und warf schließlich Saiko einen Blick zu. „Und was machst du mit ihr, Haise?"

Saiko, die dem ganzen Gespräch nur halbherzig zugehört hatte, reagierte nun endlich: „Was? Mit mir?"

„Hast du nicht zugehört? Wir müssen morgen als Team arbeiten! Die Prüfer kommen."

„Morgen hab ich Urlaub. Da gibt's nichts dran zu rütteln."

Saiko schaute Haise an und forderte seine Zustimmung ein, doch Haises Gesichtsausdruck verhärtete sich. Das konnte nichts Gutes bedeuten.

„Sorry, aber verschiebst du deinen Urlaub bitte auf einen anderen Tag? Morgen brauchen wir dich."

Völlig entsetzt starrte sie ihren Vorgesetzten an. Dann knallte sie ihre Hände auf den Tisch und sprang auf.

„Neeeeein!!! Mama, du verlangst von mir, dass ich mich opfere und sterbe?!"

„Quatsch. Aber wenn wir Karriere machen wollen, ist es unvermeidlich, dass wir morgen alle füreinander da sind."

„Den ersten Verkaufstag des neuen Spiels zu verpassen, das ist das Ende eines Kriegers! Gnade! Bitte zeigt Gnade, mein Herr!"

Saiko warf sich vor Haise auf die Knie, was an eine Szene aus einem Historiendrama erinnerte.

„Du wolltest dir also doch ein Spiel holen!", rief Ginshi.

„Saiko, du bist doch kein Samurai", seufzte Haise. „Und ich kann's nun mal nicht ändern. Lasst uns unser Bestes geben, damit wir früh Feierabend haben. Wenn wir unsere Sache gut machen, sind die Prüfer sicher zufrieden."

Haise versuchte zwar, sich kompromissbereit zu zeigen, ließ sich aber nicht von seinem Vorhaben abbringen. Beschwichtigend klopfte er Saiko auf die Schulter.

„Ich geh noch mal ins Büro und bereite alles vor. Es wird bestimmt spät werden. Kommt ihr dann morgen um 9 Uhr ins Büro? Also", Haise schaute Teamleiter Kuki, Toru und Ginshi an, „ich überlass Saiko euch, okay?"

Alle drei blickten zu Saiko, die an Haises Bein klammerte.

„Ich muss jetzt los. Saiko, lässt du mich gehen? Hey! Saiko?"

Doch Saiko ließ nicht los.

„Es tut mir echt leid. Lasst uns einfach unser Bestes geben. Saiko, hörst du? Hey, Saiko!"

Am Ende mussten Ginshi und Toru sie gewaltsam von Haises Bein losreißen.

„Nein, mein Schatz! Bitte lass mich nicht im Stich!"

Doch auch ihr herzzerreißender Schrei konnte Haises Schritte nicht aufhalten.

„Alles okay, Saiko?"

Alle vier Quinks saßen im Wohnzimmer. Saiko, ihrer Vorfreude auf das morgige Event beraubt, hockte zutiefst bestürzt und geistesabwesend auf der Couch und umklammerte ihre Knie. Sie strahlte eine so negative Aura aus, dass man das Gefühl bekam, das ganze Château sei in eine düstere Regenwolke gehüllt.

„Lasst uns heute früh schlafen gehen, damit wir morgen pünktlich sind."

Ginshi befürchtete zu Recht, dass Saiko nicht rechtzeitig aus dem Bett käme. Saiko war nachtaktiv und ging normalerweise nicht vor 9 Uhr morgens ins Bett.

„Sasaki hat ihren Urlaub gestrichen. Das muss bedeuten, dass unsere Zukunft von dieser Kontrolle abhängt", meinte Kuki. „Wir müssen uns zusammenreißen, sonst wird unser Team garaniert aufgelöst."

*Ich hab so was von keine Lust auf den Mist*, fügte er in Gedanken hinzu.

So bedrohlich Kukis Worte auch klangen, es war die Wahrheit.

Manche Ghulermittler, die lebensgefährliche Kämpfe gegen Ghule überlebt hatten, waren skeptisch gegenüber den Quinks, da sie die Kräfte der Feinde in ihren Körpern trugen. Es war vollkommen logisch, dass sie die Auflösung der Quinks fordern würden, wenn sie keine Ergebnisse lieferten.

„Dann lasst uns früh ins Bett gehen, wir müssen morgen auf der Höhe sein", ergänzte Ginshi und stand auf. Toru folgte ihm. Nun war alles gesagt.

Nur Saikos Problem war kein bisschen gelöst. Morgen war der erste Verkaufstag. Je später sie beginnen würde, desto mehr Spoiler würden sich im Netz verbreiten. Vor allem war es kaum zu ertragen, dass andere zockten, während sie arbeiten musste.

Die Quinks funktionierten auch ohne sie. Es wäre sogar besser für alle, wenn sie verschwände, sie war doch eh nur ein Klotz am Bein. Und so versank Saiko wieder in Gedanken. Wenn sie überflüssig war, warum sollten sich ihre Kollegen dann nicht den Hintern abschuften, während sie zu Hause zockte? Außerdem hatte jeder Arbeiter das Recht, Urlaub zu nehmen. Und Saiko war entschlossen, für ihr Recht zu kämpfen.

„Ich werde niemals ein Sklave der Arbeit! Niemaaaals!" schrie sie mit hochgestreckter rechter Faust.

„Wer soll hier ein Sklave der Arbeit sein? Du machst doch andauernd, was du willst!", konterte Ginshi, der gerade in sein Zimmer gehen wollte. „Zocken kannst du jederzeit, aber morgen musst du nun mal am Start sein."

„Du hast keine Ahnung, wie wichtig es ist, gleich am Releasetag zu spielen! Du bist so gemein! Ein hundsgemeiner Kerl!", schnauzte Saiko, als würde sie mit ihrem untreuen Ehemann schimpfen.

„Ja, genau! Ich hab keine Ahnung! Aber wir sind Ghulermittler. Wenn wir unseren Job nicht erledigen, kriegen wir kein Geld!"

„Du bist so ein Spießer geworden! Früher warst du anders!"

„Mann, es reicht! Schluss jetzt!", brüllte Ginshi, der es bis jetzt noch bei keiner Diskussion geschafft hatte, Saiko in ihre Schranken zu weisen.

„Idiot! Du wirst bereuen, dass du dir mich zum Feind gemacht hast!"

Mit Krokodilstränen in den Augen rannte sie die Treppe hoch, verschwand in ihrem Zimmer und verschloss die Tür. Dann lauschte sie gespannt, wie die anderen reagierten. Wenn sie sich konzentrierte, konnte sie ihre Stimmen klar und deutlich hören.

„Was machen wir mit ihr?", fragte Ginshi seine Kollegen.

„Wir können nur hoffen, dass sie nachgibt und morgen mitmacht." Toru schien noch nicht aufgegeben zu haben. Ginshi stimmte ihr zu.

Kuki war jedoch anderer Meinung.

„Wenn wir sie aus den Augen lassen, wird sie losrennen und sich das Spiel holen."

Klug, wie der Akademie-Stipendiat nun mal war, wollte er ihr keine Gelegenheit zur Flucht geben.

„Ich glaube nicht, dass sie so weit geht."

„Bist du sicher? Sie macht ständig blau und beantragt Urlaub für ein Spiel!"

„Ja, stimmt schon …"

Ginshi ließ sich leicht überzeugen.

„Wenn morgen jemand von uns fehlt, werden wir – *vor allem ich, der Teamleiter* – sicherlich nach dem Grund gefragt. Je nach Antwort könnte unser Gehalt gekürzt werden."

„Was?! Nein, das geht auf keinen Fall! Ich brauche das Geld!", rief Ginshi merklich nervös. Er war auf jeden Penny angewiesen.

„Dann müssen wir sie überwachen."

Saiko, die in ihrem Zimmer dem Gespräch lauschte, spitzte jetzt erst recht die Ohren.

„Du meinst, wir sollen sie bis morgen früh beaufsichtigen?“

„Richtig. Am besten bleibt einer vor Saikos Zimmer, einer im Wohnzimmer und einer an der Haustür. So kann sie uns nicht entwischen.“

Erst dachte Ginshi, sie würden sich abwechselnd vor Saikos Zimmer postieren. Doch Kuki schlug eine Überwachung mit vollem Einsatz vor.

„Und wie sollen wir uns aufteilen?“, fragte Ginshi, der trotz seines schrägen Looks ein gewissenhafter Typ war.

„Du bewachst Saikos Zimmer, ich das Wohnzimmer und Toru die Haustür.“

„Hey, warte mal! Das ist doch unfair!“

Es war ein großer Unterschied, ob man die ganze Nacht im bequemen Wohnzimmer verbringen konnte oder im kalten Flur auf harten Dielen kauerte.

„Ich bin euer Teamleiter. Also muss ich am Knotenpunkt zwischen Saikos Zimmer und der Haustür alles im Blick behalten. Außerdem bist du schon seit der Akademie mit ihr befreundet. – *Idioten-Duo!* – Wenn sie irgendwas versucht, merkst du es sicher am schnellsten.“

Ginshi konnte Kuki zwar nicht leiden, musste ihm dieses Mal jedoch zustimmen.

„Na gut“, antwortete Ginshi widerwillig. Toru schien sowieso keine Einwände zu haben.

„Also dann! Der Einsatz beginnt!“

Alle schwärmten aus.

Ginshi ging kurz in sein Zimmer zurück, holte ein paar Zeitschriften und setzte sich dann vor Saikos Zimmer. Kuki machte es sich auf der Couch bequem und Toru widmete sich auf dem Boden ihrem Ermittlungsbericht. Saikos fünf Sinne waren so hellwach, dass sie genau wusste, wer sich wo befand.

Obwohl sie andauernd blau machte, war sie beim Quinks-Eignungstest die beste Schülerin gewesen. Ihr Gehör und ihr Geruchssinn stellten alles und jeden in den Schatten.

Noch war es zu früh für einen Ausbruchsversuch.

Leise kroch sie ins Bett, schaltete den Fernseher ein und machte ihren Lieblingsanime an. Als die Figuren anfingen zu quatschen, spürte Saiko, wie sich Ginshi vor der Tür regte.

„Hi hi hi! Ihr Narren, fangt mich doch, wenn ihr könnt!", murmelte sie und griff nach ihrer Spielkonsole.

„Erst mal geh ich ein paar Monster jagen. Mal sehen, ob ich heute Abend den Level-140-Diablo besiegen kann!"

# II

Beim Zocken verging die Zeit wie im Flug. Es war zwei Uhr nachts und die ganze Stadt schlief längst, doch Saikos Tag fing jetzt erst richtig an.

„Und nun …"

Sie speicherte ihren Spielstand, näherte sich leise der Tür und lauschte.

„Püüh …", hörte sie Ginshi atmen. Er war vor ihrem Zimmer eingenickt.

Kuki schien noch im Wohnzimmer zu arbeiten, wirkte aber entspannter als vorhin. Auch Toru, die gerade ihren Bericht fertig geschrieben hatte, war noch wach. Saiko hörte lediglich ein Gähnen.

Es war höchste Zeit, ihren Plan durchzuführen.

Saiko zog sich bequeme Klamotten an und steckte ihr Smartphone und ein paar Süßigkeiten ein.

Ihre Teamkollegen hatten mit ihrer Vermutung, dass sie versuchen würde zu fliehen, richtig gelegen. Allerdings wusste Saiko sehr genau, dass die anderen ihre Willensstärke unterschätzen würden, da sie normalerweise nur im Zimmer hockte.

„Das wird lustig!"

Saiko warf sich ihre Tasche über die Schulter und öffnete vorsichtig das Fenster. Ihr Zimmer befand sich in der zweiten Etage, also in circa neun Metern Höhe. Normale Menschen würden sich bei einem so tiefen Sturz sicher die Knochen brechen, doch Saiko war nicht normal.

Sie stieg auf das Fensterbrett, drehte sich und glitt ein Stück an der Außenwand herab. Sie spürte den lauwarmen Wind an ihrem Gesicht. Dann schaute sie nach unten, dorthin, wo sie landen wollte, und konzentrierte sich. Das Blut stieg ihr in den Kopf.

„Na, du böser Wicht? Ich weiß, dass du in mir schlummerst. Wird langsam Zeit, aufzuwachen! Komm schon! Zeig, was du draufhast!"

Saikos linkes Auge färbte sich rot. Ein rotes Auge, wie auch Ghule es hatten.

Dann löste sie ihren Griff vom Fensterbrett, fiel und landete im nächsten Moment unversehrt auf dem Boden.

„Yeaaaah! Ich hab's geschafft!"

Ihre Kollegen im Haus schienen nichts bemerkt zu haben. Keiner ahnte, dass Saiko nur wegen eines Videospiels so weit gehen würde, aus dem Fenster zu springen.

Inzwischen bildete sich Saikos rotes Auge wieder zurück und sie machte sich vorsichtig vom Acker. Mit jedem Schritt wurde sie euphorischer.

„Ich bin frei!"

Sie streckte ihre Arme in die Luft und rannte auf die menschenleere Straße. Doch schon bald war sie aus der Puste und hielt an. Sie holte ihr Smartphone heraus und checkte ihren Social-Media-Account. Trotz der späten Stunde war eine ganze Menge Gamer online.

Dann postete sie ihren Status, wie sie es immer machte.

**Yone@Zocker-Rebellin**

Bin raus aus dem Knast! Party time!

„Mmh …"

Toru, die an der Wand lehnend eingedöst war, wachte auf, als ihr Kopf nach unten wegkippte. Mit verschwommenem Blick schaute sie sich um, rieb sich die Augen, gähnte und streckte sich.

„Saiko scheint noch in ihrem Zimmer zu sein", mutmaßte sie.

Toru war nur kurz eingenickt, Saikos Verschwinden hätte sie bestimmt bemerkt. Also legte sie ihren Bericht beiseite und stand auf, um mit Kuki und Ginshi zu sprechen.

Im Wohnzimmer war Kuki in der Couch versunken, mit geschlossenen Augen und Kopfhörern auf.

*Pennt der? Oder doch nicht?*, überlegte sie.

Da riss Kuki die Augen auf und schaute Toru an.

„Was ist?“

„Na … Ich wollte wissen, wie’s bei euch so läuft.“

Kuki wandte desinteressiert seinen Blick ab, nahm eine Dokumentenmappe vom Couchtisch und schlug sie auf.

„Saiko weiß, dass sie streng bewacht wird. Unwahrscheinlich, dass der – *dämliche* – Faulpelz versucht, unsere Barrikaden zu durchbrechen.“

Allmählich begriff Toru, dass Kuki mit der Bewachung eine Art Performance inszenierte, um Saikos Willen zu brechen.

„Du bist ganz schön gerissen, Kuki.“

„Unsinn.“

*Ihr seid bloß dumm*, ergänzte er innerlich.

Toru sah in Kuki immer den Gehetzten, der unter einem wahnsinnigen Druck stand, wenn er arbeitete. Ob es an seinem Charakter lag oder andere Gründe dafür gab, wusste Toru nicht.

Schließlich ging sie die Treppe hoch, um nach Ginshi zu sehen. Anders als Toru, die nur kurz eingenickt war, lag Ginshi auf dem Boden und schlief tief und fest.

„Ginshi, alles okay?“

Sie klopfte ihm auf die Schulter.

„Hm? Toru?“

Ginshi wachte auf.

„Mist! Ich bin eingepennt“, brummte er und kratzte sich am Kopf.

Dann erkundigte sich Toru nach Saiko.

„Ich glaube, sie hat aufgegeben", stellte Ginshi fest.

Aus Saikos Zimmer dröhnten die lauten Stimmen der Synchronsprecher.

„Das nächste Problem wird, sie morgen wach zu kriegen."

„Japp. Das ist um einiges schwieriger, als auf sie aufzupassen."

Wenn Saiko einmal schlief, konnte sie niemand wecken. Schreien, schütteln – alles vergebens. Allein der Gedanke daran machte Toru und Ginshi schon fix und fertig.

„Aber wenn wir selber verschlafen, war unsere Mühe völlig umsonst", gähnte Ginshi. „Also lass uns pennen. Morgen wird ein langer Tag."

Ginshi, Toru und Kuki war bewusst, dass sie unbedingt dafür sorgen mussten, dass Saiko am nächsten Morgen pünktlich im Büro erschien. Einen guten Eindruck bei den Prüfern zu hinterlassen, hatte oberste Priorität.

Ginshi legte sich auf den Boden. Toru bezog wieder ihren Posten an der Haustür und lehnte sich an die Wand. Auch sie musste ein wenig schlafen.

„Aber vorher …" Toru holte ihr Smartphone heraus und checkte schnell ihre Nachrichten.

„Ach ja, Moment mal …"

Sie erinnerte sich, dass Saikos Account in ihrem Browser gespeichert war.

„Ob sie noch wach ist?"

Hoffentlich schlief sie. Neugierig checkte Toru, was Saiko in den letzten Stunden gepostet hatte.

„Hä?!"

Entsetzt starrte Toru aufs Display. Sie scrollte durch den News Feed und überflog die Einträge.

Im nächsten Moment sprang sie auf.

**Yone@Zocker-Rebellin**

Es ist so cool, mitten in der Nacht mit Livestream durch die Stadt zu ziehen! Ich liebe Nachtspaziergänge!

„Kuki!!! Saiko ist uns entkommen!"

Saikos lange Zöpfe schwangen mit jedem Schritt hin und her. Auf den Straßen der Stadt waren Männer, die Frauen anbaggerten, betrunkene Businesstypen und übertrieben geschminkte Hostessen.

Saiko nahm das alles gar nicht richtig wahr. Auch unterwegs chattete sie mit ihrer Gamer-Community. Über unwichtige Dinge, die sie morgen schon vergessen haben würde, aber genau deswegen machte es solchen Spaß.

Doch sie hatte nicht vor, die ganze Nacht herumzustreunen.

„Genug gebummelt!", beschloss sie. „Ab in meine Gamer-Bude. Bis der Spieleladen öffnet, hab ich noch genug Zeit."

Ihr Ziel war ein Internetcafé. Die Kabinen des Cafés waren zwar extrem winzig, aber immerhin konnte man hier chillen. Es gab Manga zu lesen und eine Flatrate für Softdrinks.

Dieses Internetcafé war eine Oase des Glücks für sie.

Ihr Plan war, sich dort die Zeit zu vertreiben, bis der Laden öffnete. Von hier aus war er schnell zu erreichen und außerdem gab es im Internetcafé nicht nur Manga und Limo, sondern sogar Softeis! Nach ihrer glorreichen Flucht aus dem Château würde ein Softeis nicht nur ihren Gaumen, sondern auch ihren Krallenspeicher stimulieren.

Mittlerweile war das Internetcafé nur noch einen Block entfernt und Saiko kramte schon mal ihre Mitgliedskarte raus.

„…?!"

Im nächsten Moment war da dieser Geruch, mit dem sie bestens vertraut war. Reflexartig wich sie zurück und versteckte sich hinter dem nächstbesten Gebäude.

„?!"

Vorsichtig warf sie einen Blick in Richtung Internetcafé.

„Das darf doch nicht …!"

Saikos Kollege Kuki stand direkt davor!

„Hey, Kuki!", ertönte eine Stimme.

„Drüben war sie nicht."

Nicht nur Kuki war da, jetzt tauchten auch Ginshi und Toru auf.

„Ich hab sie auch nicht gefunden. Vielleicht ist sie noch unterwegs?"

Kuki schaute an der Fassade des Internetcafés empor.

„Saiko – *diese lahmarschige Tante* – ist nicht der Typ, der bis zur Ladenöffnung in der Stadt herumwatschelt. Sie setzt sich sicher irgendwo rein. Wahrscheinlich dort, wo sie ihr Handy und ihre Konsole aufladen und sich entspannen kann", vermutete Kuki. „Das heißt, sie geht in ein Internetcafé."

Man sollte nicht unterschätzen, was Ghulermittler so alles draufhatten: In der Kürze der Zeit hatten Kuki und seine Kollegen Saikos Lieblings-Gamestore sowie den Standort des nächsten Internetcafés ausfindig gemacht. Während Saiko noch unterwegs war, tüftelten sie bereits an einem Belagerungsplan! Nicht ohne Grund fürchteten die Ghule das CCG. Saiko hatte fast Mitleid mit den Ghulen.

„Mann ey … ich hätte nie damit gerechnet, dass sie tatsächlich aus dem Fenster springt! Ist dieses Spiel echt so wichtig für sie?"

„Sie hat uns ausgetrickst. Die Frage ist nur, warum du nichts gehört hast, obwohl du doch direkt an ihrer Tür gehockt hast!"

*Dämlicher Nichtsnutz*, dachte Kuki.

„Wie bitte?! Dann sag du doch mal, was du die ganze Zeit im Wohnzimmer gemacht hast! Auf der Couch gepennt, oder was?!"

Der Teamgeist der Quinks-Mitglieder hing am seidenen Faden.

„Soll ich dir mal beibringen, wie du mit einem Vorgesetzten zu reden hast, Dritter Ermittler Ginshi Shirazu?"

„Mit einem Vorgesetzten? Du bist Teamleiter, mehr nicht!"

Die kleine Unstimmigkeit schien sich zu einem handfesten Streit zu entwickeln. Da konnte Saiko nicht tatenlos zusehen. Die Schwächen der Gegner musste man maximal ausnutzen – das war eine Lehre aus zahlreichen Strategiespielen, die sie bisher gespielt hatte. Das hier war ihre Chance, ihren Verfolgern zu entkommen.

Auf Zehenspitzen schleichend versuchte sie, sich möglichst weit von ihnen zu entfernen. Die beiden Jungs beschimpften sich heftig, jeden Moment konnte es zu einer gefährlichen Schlägerei kommen. Saiko machte sich aber keine Sorgen um die beiden. *Selbst wenn sie schwer verletzt werden, heilen ihre Wunden eh im Nu*, das war ihr klar.

Saiko erkannte, dass sie im Vorteil war, und lachte in sich hinein.

„Moment mal!“, schrie Toru und unterbrach das Wortgefecht ihrer Kollegen.

„Irgendwas stimmt doch hier nicht.“

Als Saiko das hörte, lief es ihr eiskalt den Rücken runter. Spürte Toru, dass sie in der Nähe war? Um möglichst keinen Laut von sich zu geben, hielt sie den Atem an und wartete.

Erst nach ein, zwei Minuten atmete sie weiter, bewegte sich aber noch keinen Millimeter. Ihre Hand, mit der sie ihr Smartphone umklammerte, tropfte regelrecht vor Schweiß.

„Hey, was ist los?!“, sagte Ginshi, der die Stille nicht mehr ertragen konnte.

„Nichts.“

„Was heißt ‚nichts'?", fragte Kuki irritiert. *Jetzt mach den Mund auf!*

Endlich antwortete Toru: „Saiko hat in den letzten Minuten überhaupt nichts gepostet!"

Als sie das hörte, starrte Saiko auf ihr Smartphone. Seit sie ihre Kollegen entdeckt hatte, hatte sie tatsächlich nichts mehr gepostet. Toru checkte also ihren Feed.

„Ich wette, Saiko beobachtet uns!", rief Toru in die Nacht hinaus.

Wie vom Blitz getroffen rannte Saiko los. Ihr Körper bewegte sich schneller, als ihr Kopf denken konnte. Jetzt verstand sie die Gemütslage der Täter in diesen zweistündigen Krimiserien, die in die Enge getrieben wurden, bevor sie letztendlich ihre Schuld gestanden.

„Da ist sie!"

Kuki deutete in Saikos Richtung.

„Oh nein!", schrie sie panisch.

Schon kam Ginshi um die nächste Ecke gebogen.

„Krass! Da ist sie ja wirklich!", platzte es aus ihm heraus. „Los, hinterher!"

Kuki beschleunigte sein Tempo und der Abstand zwischen ihm und Saiko wurde immer geringer. Gegen einen Ermittler, der jeden Tag hart trainierte, hatte die übergewichtige Stubenhockerin keine Chance.

„Verdammt! Seid ihr Ghulermittler, oder was?!", brüllte Saiko.

„Du doch auch!", erwiderte Ginshi.

„Gib endlich auf!“, knurrte Kuki und packte Saikos Rucksack.

„Ah!“

Kuki hatte Saiko noch nicht mal berührt, trotzdem verlor sie ihr Gleichgewicht, geriet ins Schwanken und fiel auf den Hintern. Das Katz-und-Maus-Spiel war vorbei.

„Oh Mann … Ist dir klar, was du hier machst?“

„Saiko, lass uns nach Hause gehen.“

Ihre Kollegen umzingelten sie.

Das war's. Saiko erinnerte sich an jenen Tag, an dem sie zum ersten Mal von diesem neuen Spiel erfahren hatte. Seitdem hatte sie sich über jede Neuigkeit gefreut, die sie im Internet und in Gamer-Zeitschriften darüber gelesen hatte. Sie hatte die Tage bis zum Release gezählt, hatte Urlaub beantragt und sich auf den großen Tag vorbereitet. Doch dieser blöde Job machte ihr nun einen Strich durch die Rechnung.

Saiko kniete sich auf den Boden und fühlte den rauen Asphalt mit beiden Händen. Dann ballte sie ihre Hände zu Fäusten und zog die Mundwinkel hoch.

„He he he“, kicherte sie.

Ginshi und seine Kollegen tauschten irritierte Blicke aus.

„So einfach gebe ich nicht auf!“

Sie öffnete ihre Hände, schlug auf den Boden und hob den Kopf. Ihr linkes Auge färbte sich blutrot und die Adern in ihrem Gesicht traten hervor. Alle spürten, wie sich die Atmosphäre veränderte.

Im nächsten Moment wurden sie wie von einer Explosion zurückgeschleudert.

„S… Saiko!“

*Diese Idiotin!*

Saikos Rücken glühte. Die Rc-Zellen durchbrachen ihre Haut und schossen hoch in die Luft. Das gewaltige Monster entwickelte ein gigantisches kompliziertes Geflecht und formte sich zu einer Art Wirbelsäule.

„Das gibt's nicht! Sie hat ihre Krallen ausgefahren!"

Die Krallen – sie waren der Beweis, dass Saiko zu den Quinks gehörte. Sie waren so riesig und schwer, dass Saiko beinahe wieder auf den Hintern geplumpst wäre. Doch sie beugte sich nach vorne und starrte ihre Kollegen an.

„Versucht mich doch zu besiegen, ihr Grünschnäbel!"

„Du guckst zu viele Anime, Saiko!"

„Los, vernichtet sie!"

Saikos Krallen wirbelten durch die Luft und schlugen vor Kuki, Toru und Ginshi auf den Boden. Mit einem Sprung zu Seite wichen die drei dem Angriff aus. Der Asphalt riss auf und Sand wirbelte nach oben. Alle starrten völlig ungläubig auf das, was Saikos Krallen anrichten konnten.

„Ha ha ha ha ha, niemand kann mich stoppen! Der verlorene Schatz wird sich schon bald in meiner Hand befinden!"

„Krass! Sie hat nicht mal während unserer Ermittlungen ihre Krallen gezeigt!"

Keiner hatte geahnt, dass sie so weit gehen würde. Es war zwar schon Mitternacht, doch im Stadtzentrum waren noch einige Passanten unterwegs. Schockiert und sprachlos blieben sie stehen und beobachteten das Spektakel.

„Tch!", zischte Kuki. *Wenn die Polizei kommt, haben wir richtig Stress!* Er wandte sich um.

„Ginshi! Wir halten sie auf!"

„Aber wie denn?!"

„Du hast Federkrallen. Du musst ihr so viel Schaden wie möglich zufügen. Mach sie fertig!“

Waffen hatte keiner dabei, sie hatten ja bloß nach Saiko suchen wollen. Doch dafür hatten sie ihre Krallen.

Ginshi schüttelte den Kopf.

„Ich kann nicht so genau schießen, dass ich nur die Krallen treffe! Saiko würde garantiert was abbekommen!“

„Tu es trotzdem! Ihre Wunden heilen schnell!“

„Aber …“

Ginshi zögerte immer noch, Saiko anzugreifen.

*Nichtsnutz!* Kuki knirschte mit den Zähnen. „Schon gut, dann mach ich es selbst.“

Sein linkes Auge färbte sich rot. Die Krallen, die aus seinem Rücken brachen, verwandelten sich in ein stahlhartes Schwert und verbanden sich mit Kukis rechtem Arm. Alle Gaffer um sie herum schrien hysterisch und suchten das Weite. Doch inmitten der panischen Menge schaute eine Frau dem Kampf weiterhin gelassen zu.

„Ein Revierkampf? Aber doch nicht hier …“

Es war eine der Hostessen, an denen Saiko vorhin vorbeigelaufen war. Sie sah Saikos und Kukis mächtige Krallen, ließ sich aber kein bisschen davon beeindrucken.

Warum nur?

Kuki, dem ihr merkwürdiges Verhalten nicht entging, musterte die Fremde.

„Hä?! Nee, nee! Ich will damit nichts am Hut haben! Nein!"

Sobald die ersten Funken auf sie herabprasselten, warf sie ihre Absatzschuhe von sich und ergriff die Flucht. Dabei sprang sie so schnell und hoch, dass jeder sofort erkannte, dass sie kein normaler Mensch war.

„Hey, das war doch …"

Ginshi, der die Frau ebenfalls beobachtete, grinste.

„Eine Ghula!"

Was war das bitte für ein Zufall? Die Hostess, die vor den Ghulermittlern nun ihr wahres Gesicht zeigte, zog unweigerlich Ginshis und Kukis volle Aufmerksamkeit auf sich. Der Kampf gegen Ghule brachte ihnen eine Menge Geld und Ansehen.

*Sie ist meine Beute!*, beschloss Kuki. „Toru, ich überlass dir Saiko!"

„Hä? Hää?!"

Kuki hetzte der Ghula hinterher, Ginshi im Schlepptau.

„Die wirst du mir nicht so einfach wegschnappen!", brüllte Ginshi ihm hinterher.

Nur Saiko und Toru blieben, wo sie waren.

„Ha ha ha ha ha ha! Diesen Kampf hab ich gewonnen!"

Unter lautem Lachen machte Saiko eine Siegerpose. Doch im nächsten Moment brachen die riesigen Krallen zusammen, die aus ihrem Rücken gewachsen waren.

Erst jetzt merkte Saiko, wie erschöpft sie war. Ihre Krallen hatten gewaltige Kräfte, hielten aber nicht lange durch, weil sie keine Ausdauer hatte.

„Saiko!"

Sie stürzte. Sie war so erledigt, dass sie außerstande war, beim Hinfallen ihren Körper zu stützen.

„Toru … Mein Abenteuer scheint vorbei zu sein …"

„S… Saiko!"

„Da wurde Saiko schwarz vor Augen", kommentierte Saiko das Geschehen. „Schade, dass ich das Spiel nicht spielen konnte."

Ihre Worte hallten noch nach, als sie bewusstlos wurde.

„Ich wollte nie Ghulermittlerin werden."

In die CCG-Akademie war sie eingetreten, weil man dort kostenlos einen Schulabschluss machen konnte. Sie hatte weder Interesse an Ghulen noch irgendeinen triftigen Grund, gegen sie zu kämpfen. Sie hatte auch keine Lust, ihr Leben aufs Spiel zu setzen. Sie wollte einfach Frieden. Mehr hatte sie nie verlangt.

Doch als ihre Mutter erfahren hatte, dass Saiko das Zeug zu einer Quinks hatte und für die OP eine Aufwandsentschädigung gezahlt werden würde, unterschrieb sie sofort alle nötigen Unterlagen für ihre Tochter. Mit der Entschädigung beglich sie die Schulden ihrer schlecht laufenden Bar. Für Saikos Mutter war das Geld ein Segen.

Die Figuren der Spiele, Manga und Anime, die Saiko so sehr liebte, besiegten ihre Gegner im Nu. Den Kämpfen zuzusehen machte Saiko Spaß, aber deswegen wollte sie noch lange keine Superheldin sein. In echten Kämpfen konnte man sterben und sie wollte weder töten noch selbst getötet werden. Im Château gab es jedoch täglich warme Mahlzeiten. Dort hatte sie ihre Teamkollegen, die stets bereit waren, ihr zu helfen. Selbst wenn sie am laufenden Band ihr Leben riskieren mussten, hatten sie und ihre Kollegen hin und wieder auch friedliche Momente. Manchmal träumte sie davon, dass solche Augenblicke ewig dauerten. Sie wünschte sich so sehr, dass dieses ruhige Zusammenleben mit ihren Kollegen ewig währte.

„…ko! Saiko!“

Irgendjemand rief ihren Namen. Sie schien wieder zu sich zu kommen. Langsam öffnete sie ihre Augen, sah jedoch nur verschwommen. Sie wusste nicht einmal, wo sie war. Sie blinzelte einige Male und sah sich um.

„Bin ich“, sie entdeckte ein Manga-Poster, „an einem Speicherpunkt?“

„Saiko, bist du wach?“, erkundigte sich Haise, der an ihrem Bett saß.

„Mama …“

„Ja?“

„Bist du auch gestorben?“

„Quatsch!“

Behutsam stupste Haise mit den Fingern gegen Saikos Stirn.

„Du hast gestern deine Krallen benutzt, nicht wahr? Ich war ziemlich überrascht, als Toru mir das erzählt hat.“

Sprachlos musterte Saiko ihn.

„Aber darüber reden wir ein andermal.“

Mit einem bitteren Lächeln nahm er seine Hand von ihrer Stirn.

Saiko spürte das Gewicht ihrer müden Knochen. Dass sie so schlapp war, lag sicher auch an ihrer unzureichenden Fitness.

„Bist du endlich wach?“ Kichernd betrat Ginshi Saikos Zimmer. In seiner rechten Hand trug er eine Plastiktüte. „Das wäre dann ja mal früher als sonst!“

Saiko sah, wie hell es draußen war. Dem Sonnenstand nach zu urteilen, war es kurz vor Mittag. Normalerweise schlief sie noch um diese Zeit. Alle anderen sollten eigentlich schon längst auf Arbeit sein.

„Mama, Ginshi, habt ihr heute blaugemacht?“, erkundigte sie sich, als ihr wieder einfiel, dass sie wegen der heutigen Prüfung mitten in der Nacht aus dem Haus geflohen war.

„Wir sind doch nicht du!“, empörte sich Ginshi.

„Erinnerst du dich? Du und Kuki, ihr habt mitten auf der Straße eure Krallen ausgefahren und dabei ist euch eine Ghula aufgefallen, die seltsam auf euch reagiert hat.“

Saiko erinnerte sich kaum daran, was am Abend zuvor passiert war.

„Da waren auch noch andere Ghule. Zum Glück waren sie nicht so stark, also hab ich sie alleine besiegt."

„Mit Kuki zusammen, oder?", hakte Haise nach.

Ginshi behauptete, es wäre allein sein Verdienst gewesen, aber Kuki würde mit Sicherheit sagen, dass er wesentlich mehr dazu beigetragen hätte.

All das erklärte aber immer noch nicht, warum Haise und Ginshi jetzt um die Mittagszeit zu Hause waren.

„Die Prüfer wollten eigentlich sehen, wie wir arbeiten, weil wir bisher kaum was vorzuweisen hatten. Ihr habt aber gestern Nacht bewiesen, dass ihr was draufhabt."

„Wenn wir auch so zeigen, was wir können, müssen sie uns nicht mehr unter die Lupe nehmen. Deshalb ist die Prüfung heute ausgefallen."

„Nachdem wir die Ghula verhaftet hatten, mussten wir sie ins Cochlea schicken. Aber danach gab's nur noch Papierkram, also Dokumente erstellen, Berichte schreiben und abgeben. Und das interessiert die Prüfer nicht."

Die Entdeckung einer Gruppe Ghule außerhalb der Arbeitszeiten sowie deren Festnahme ohne Quinken war sicher ein gutes Argument für die Überlegenheit der Quinks.

Haise hatte mit den Prüfern alles abgesprochen und war früher nach Hause gekommen, um Saiko zu pflegen. Auch Ginshi war vormittags im Büro gewesen. Da die meiste Arbeit schon erledigt war, hatte er nun frei.

„Wir haben den Prüfern gesagt, dass du deine Krallen benutzt hast, um die Ghula zu vernichten. Es darf keiner wissen, dass du wegen dem blöden Videospiel Amok gelaufen bist! Also … Unsere Erklärung war nicht hundertprozentig tatsachengetreu, aber ich würde nicht sagen, dass wir gelogen haben. Immerhin haben wir die Ghula entdeckt, weil du deine Krallen gezeigt hast."

Von Saikos Amoklauf hatten Kuki und Haise also nichts weitererzählt. Das war ein Geheimnis, das die Quinks mit ins Grab nehmen mussten.

Saikos Interesse lag aber eigentlich ganz woanders …

„Mein Spiel …!"

Der Gamestore war sicher schon längst geöffnet. Saiko stand auf, doch sofort wurde ihr schwindelig und sie brach zusammen.

„Du musst noch ein bisschen im Bett bleiben. Außerdem …"

Haise zwinkerte Ginshi zu. Ginshi holte eine kleine Packung aus der Plastiktüte, auf der ein Logo zu sehen war: „Schnattert! Schuhschnabel!" Darunter war ein Bild eines böse guckenden Vogels mit großem Schnabel. Es war das Spiel, auf das Saiko sich monatelang gefreut hatte.

„Hab ich in einem Laden um die Ecke geholt. Aber mal im Ernst jetzt, das hört sich total langweilig an", bemerkte Ginshi mit skeptischem Blick. „Für diesen Scheiß hast du so ein Theater gemacht?“ Er überreichte Haise das Spiel zusammen mit der Quittung.

„Für Saiko ist das Spiel trotzdem sehr wichtig, nicht wahr? Also, da ihr letztendlich alles auf die Reihe gekriegt habt, schenk ich es dir. Als Belohnung.“

Haise hielt Saiko das Spiel hin, nach dem sie so verrückt war.

„Nein.“

„Hä?“

„Was?“

Haise und Ginshi starrten sie verdutzt an.

„Aber Toru hat gesagt, dass du dieses Spiel haben wolltest“, sagte Ginshi verwirrt.

„Ja, schon! Aber nicht diese Version!“, schrie Saiko. „Was du gekauft hast, hat keinen Bonus, keine Schuhschnäbel in anderen Farben und auch keinen Schnabelschmuck!“

Für manche Spiele erhielt man besondere Boni, je nachdem, in welchem Laden man sie kaufte. Auch bei diesem Spiel gab es einen Vorbestellerbonus – zusätzliche Daten, die eine normale Version nicht hatte. Genau deshalb hatte Saiko es in ihrem Lieblingsladen bestellt. Ohne Boni hatte das Spiel keinen Sinn für sie.

„Ich muss unbedingt in den Shop!“

Trotz Schwindel versuchte sie, aus dem Bett zu kriechen. Ihr Körper fühlte sich jedoch so schwer an, dass sie gleich zu Boden stürzte.

„Saiko!“

„Hey, was hast du vor?!“

„Mein Schuhschnabel … der Schnabelschmuck …!“

Stöhnend kroch sie über den Boden. Haise hielt sich die Hände an den Kopf und versuchte, sie zu beschwichtigen: „Ist gut, ich geh zu dem Laden! Du bleibst im Bett und ich hol dir das Spiel, das du vorbestellt hast!“

Es war echt nicht einfach, eine Hardcore-Gamerin als Kollegin zu haben.

TOKYO GHOUL

# #002
# [ vereinigung ]

rë

LIGHT NOVEL
suche

# I

Sie war immer beschützt worden. Sie hatte nichts tun können, als die anderen in Gefahr gewesen waren. Und so hatte sie bisher viele Leute verloren, die ihr eine Menge bedeutet hatten.

Deshalb hatte sie sich dazu durchgerungen, einen Schritt nach vorn zu wagen: Sie wollte von nun an auch anderen helfen. Aber der Ort, den sie letztendlich dafür ausgesucht hatte, war die Wurzel eines riesigen Baums, ein Ort ohne Sonnenlicht …

„Zieh dich zurück, Hinami!"

Als sie ihren Namen hörte, hob sie ihren Kopf.

Hinami Fueguchi hieß sie.

Sie war Mitglied des Phönixbaums, einer Organisation, die mit dem Ziel gegründet wurde, eine gerechtere Welt für Ghule zu schaffen. Der Phönixbaum tat alles, um sein Ziel zu erreichen, sodass sich die Mitglieder der Organisation ständig im Kampf gegen Ghulermittler befanden.

Auch jetzt nahm Hinami an einem dieser Einsätze teil.

Vor ihr, auf dem Dach eines Hochhauses, stand ein Mann, der ein benachbartes Gebäude beobachtete. Der Mann, der sein hübsches Gesicht unter einer schwarzen Hasenmaske verbarg, war Ayato Kirishima – ein hochrangiges Mitglied des Phönixbaums. Noch vor ein paar Minuten waren sie im Nachbargebäude gewesen und hatten Informationen mit Ayatos Untergebenen ausgetauscht. Sie hatten jedoch rechtzeitig bemerkt, dass Ghulermittler ihr Versteck umstellt hatten, und waren schnell hierher geflüchtet.

„Ayato", sprach sie ihn an.

„Hau ab, du störst", grummelte er, ohne sie eines Blickes zu würdigen. Trotz der kalten Worte wusste sie, dass er das nur sagte, um sie zu schützen.

*Mal wieder*, dachte Hinami und wurde traurig.

„Pass gut auf dich auf", bat sie ihn und ließ ihn allein zurück. Sie merkte noch, wie er vom Dach sprang. Gleich darauf begann ein blutiger Kampf.

Hinami hörte, wie der Kopf eines Menschen zu Boden fiel. Reflexartig hielt sie sich die Ohren zu. Sie musste sich zusammenreißen! Dieses Geräusch bedeutete doch nichts anderes, als dass Ayato noch am Leben war. Er kämpfte, damit sie nicht kämpfen musste.

Sie hörte die Todesschreie der Menschen, die ihrem Herz jedes Mal einen Stich versetzten. Sie wurde von den anderen beschützt. Wie immer.

„Bläst du schon wieder Trübsal?"

Sie saß mit umklammerten Knien in einer Ecke des Verstecks, als sie jemanden kommen hörte. Sie hob den Kopf und sah Ayato, der sich an der Tür abstützte.

„Ist es gut gelaufen, Ayato?", fragte Hinami und stand auf.

„Siehst du doch."

Seine schroffe Antwort erinnerte sie an seine Schwester Toka. Als Ayato begriff, dass er Hinami aus ihren Gedanken gerissen hatte, sagte er: „Hör auf, vor dich hin zu grübeln."

Nach einer kurzen Pause fuhr er fort: „Also, was heute passiert ist, hab ich schon Tatara berichtet. Geh schlafen."

„Und du?"

„Ich hab noch was zu erledigen“, sagte er und verließ den Raum. Sie war wieder allein und lehnte sich an die Wand.

Je mächtiger der Phönixbaum wurde, desto größer wurde die Belastung für Ayato. Hinami fühlte nur zu gut, dass auch sie eine dieser Belastungen war. Sie konnte nicht ertragen, ihm ein Klotz am Bein zu sein.

„Das geht so nicht weiter!“, beschloss sie, während sie sich gegen die Wangen schlug. „Ich muss was machen, was Ayato ...“ Sie nickte bestimmt. Aber was konnte sie schon tun?

Dann kam ihr das Gesicht einer Frau in den Sinn.

„Toka ...“

Toka war Ayatos Schwester. Sie hatte sich um Hinami gekümmert, nachdem sie ihre Mutter verloren hatte. Sie war oft dickköpfig und fuhr schnell aus der Haut, war aber immer lieb zu ihr.

Wenn Hinami Ayato sah, erinnerte sie sich oft an Toka. Und der Gedanke an Toka weckte in Hinami die Erinnerungen an das Café „Antik“ im 20. Bezirk, in dem Toka gearbeitet hatte.

Der Chef des Antik, Herr Yoshimura, war ein friedlicher älterer Mann gewesen. Der Laden war ihr als ein Ort der Behaglichkeit in Erinnerung geblieben. Auch Ken hatte sie dort kennengelernt.

Toka hatte oft Kaffee für sie gekocht. Ihr Kaffee war manchmal etwas bitter gewesen, hatte aber trotzdem sehr gut geschmeckt.

„Ah!“ Jetzt hatte sie eine Idee und schlug die Hände zusammen: „Kaffee!“

Ayato würde sich vielleicht darüber freuen, wenn sie ihm hier in ihrem Unterschlupf jederzeit einen leckeren Kaffee zubereiten könnte, dachte sie. Allerdings hatte sie weder Kaffeebohnen noch Geräte, mit denen sie hätte Kaffee kochen können.

Eine spezielle Ausrüstung, wie man sie in einem Café vorfindet, wäre gar nicht nötig, aber sie brauchte trotzdem einige Sachen, wenigstens Kaffeebohnen und ein paar Gerätschaften. Also entschied sie, loszuziehen und einkaufen zu gehen.

## II

Am nächsten Tag verließ sie ihr Zimmer, gleich nachdem sie ihre Aufgabe – die Analyse der Tondaten – erledigt hatte. Seit sie hier lebte, war sie nur nachts rausgegangen. Für ihren Einkauf musste sie jedoch tagsüber in die Stadt. Es würde sicher etwas dauern, weil sie nicht wusste, wo man all die Sachen überhaupt kaufen konnte.

„Oh …"

Im dunklen Flur des Verstecks begegnete sie einem weißhaarigen Mann in einem Gewand, das nach Blut roch. Hinami spürte, wie sie vor Nervosität all ihre Muskeln anspannte.

Er hieß Owl. Er war ein erfolgreicher Proband der Ghul-OP, die vom Phoenixbaum durchgeführt wurde. Seido Takizawa war sein Name gewesen, als er noch ein Mensch gewesen war.

Hinami sah, dass er gegen einen runden Gegenstand trat.

„Hey, Hinami! Wohin gehst du?", fragte Takizawa, wobei er seinen Kopf schwungvoll in ihre Richtung drehte. Er starrte sie an, doch sein Blick schien völlig leer. Irgendwie wusste Hinami nie, wie sie mit ihm umgehen sollte. Er war ursprünglich ein Mensch gewesen, aber vom Phönixbaum entführt und zum Ghul umoperiert worden. Kein Wunder, dass er so verrückt war.

„Ähm …"

„Wenn du Langeweile hast, lass uns doch Fußball spielen!"

Wieder trat Takizawa gegen den ballartigen Gegenstand. Als Hinami sah, was es war, schrie sie kurz auf: ein abgeschlagener Kopf ohne Nase, der so geschwollen war, dass man nicht mehr wusste, ob es sich um einen Mann oder eine Frau handelte.

„Nein!"

Hastig wich sie dem Kopf aus und er fiel mit dumpfem Knall zu Boden. Wie das Geräusch, das sie gestern bei Ayatos Kampf gehört hatte.

„Kick, kick! Los, versuch's auch mal!"

Takizawa sprang Hinami in den Weg und hielt ihr den abgeschlagenen Kopf vor die Nase.

„Der geht nicht so schnell kaputt. Oder soll ich dich mit seinem Gehirn füttern?"

Hinami wandte das Gesicht ab und schloss die Augen. Sie wollte nichts mehr sehen. Als sie kurz davor war, um Hilfe zu rufen, vernahm sie eine würdevolle, weibliche Stimme: „Iss doch deine Beute selbst."

Die Frau, die das sagte, war Misa Kusakari, der Boss der Ghulgruppe „Klinge". Misa war kleiner als Hinami und sah noch wahnsinnig jung aus, aber sie war ein zentrales Mitglied des Phönixbaums.

„Wenn du ihn nicht mehr brauchst, esse ich ihn", schlug Misa vor und streckte ihre Hand nach dem abgeschlagenen Kopf aus.

„He he he!"

Takizawa kicherte und versteckte den Kopf hinter seinem Rücken. Dann nahm er ihn wieder hervor, lachte weiter und verließ den Flur. Als er verschwunden war, ging es Hinami auf Anhieb besser.

„Echt unheimlich, dieser Kerl", murmelte Misa.

„Misa, vielen Dank!"

„Schon okay. Er hat mich genauso irritiert", sagte Misa und wechselte schnell das Thema: „Bist du auf dem Sprung? Hast du was zu erledigen?"

„Ähm, ja … Ich wollte Kaffeebohnen und was zum Zubereiten kaufen gehen."

„Kaffee?" Misa neigte den Kopf.

„Ja, ich möchte richtig guten Kaffee für Ayato kochen, quasi als Zeichen meiner Dankbarkeit."

Hinami erklärte, dass sie – statt ein Fertigprodukt zu kaufen – selbst die Bohnen mahlen und daraus Kaffee zubereiten wolle.

„Ach ja, richtig. Du bist ja so wahnsinnig eng befreundet mit Ayato", antwortete Misa mit einem Hauch von Neid in der Stimme. „Aber … ist das nicht gefährlich für dich? Um diese Uhrzeit sind unzählige Ermittler auf Streife. Und du hast schon mal gesagt, dass Kämpfen nicht dein Ding ist."

Bei großen Einsätzen war Hinami für die akustische Aufklärung zuständig. Sie nutzte zwar ihre Krallen, wenn sie sich verteidigen musste, wollte aber nicht unmittelbar an den Kämpfen beteiligt sein. Das lag nicht an ihren Skills, eher an ihrem Charakter. Und sie wusste, dass sie genau aus diesem Grund für Ayato ein Klotz am Bein war.

„Wenn es gefährlich wird, hau ich ab."

„Du hast sehr gute Ohren, das wird dir sicher helfen, aber …" Nach einer kurzen Denkpause schlug Misa vor: „Ich hab Zeit. Ich begleite dich beim Einkaufen."

„Hä?! Aber …"

„Ich mag zwar keine Sonne, aber ich könnte auch mal wieder einen Nachmittag draußen verbringen. Außerdem würde ich gerne sehen, wie man richtig guten Kaffee kocht."

Hinami überkam ein schlechtes Gewissen bei dem Gedanken, am hellichten Tag mit Misa loszuziehen, doch für diese war es schon beschlossene Sache.

„Ich geh nur kurz meinen Leuten Bescheid sagen."

Als Misa ihr ihren kleinen Rücken zuwandte, verbeugte sich Hinami.

Die Sonne brannte vom wolkenlosen Himmel herab.

„Knallt ganz schön", murmelte Misa. Normalerweise trug sie ein weites Gewand, damit sie immer schnell ihre Krallen ausfahren konnte. Dementsprechend war Hinami überrascht, als Misa mit normalen, sogar recht modischen Klamotten vor ihr auftauchte. Misa wirkte gleich viel attraktiver, wenn sie sich wie eine junge, urbane Frau kleidete.

„Misa, die Klamotten stehen dir richtig gut!"

„Ach, hör auf. Ich bin schon über 30", gab sie etwas verlegen zu. „Die Ghule meines Stammes sind alle ziemlich klein. Und ich auch, weil ich die Gene der ‚Klinge' in mir trage."

Sie und ihre Leute würden wegen ihrer Kleinwüchsigkeit oft unterschätzt, erklärte Misa. Hinami entschuldigte sich, ihr Kompliment erschien ihr jetzt furchtbar unhöflich.

„Schon in Ordnung. Mich stört vielmehr, dass mich die Typen der ‚Weißen Anzüge' ständig Tante oder Oma nennen", erwiderte Misa.

Die „Weißen Anzüge" waren eine Ghulgruppe, die früher von Jason, einem Ghul des 13. Bezirks, angeführt worden war. Gemäß dem Namen der Gruppe trugen alle Mitglieder weiße Anzüge und bezeichneten sich untereinander als Brüder. Mittlerweile führte Naki die Gruppe an und nahm zusammen mit Misas Team „Klinge“ oft an Einsätzen teil. Misa stellte diese Zusammenarbeit allerdings vor einige Probleme, da Naki und seine Leute miserable Teamplayer waren.

„Aber du hilfst Naki trotzdem sehr“, versuchte Hinami zu beschwichtigen.

Freilich war Naki ein starker Kämpfer, aber Kommunikation war ein Fremdwort für ihn. Er war das Problemkind des Phönixbaums, aber trotzdem würden sie ihn niemals im Stich lassen.

„Hää?! Ich helfe ihm, weil es nicht anders geht“, argumentierte Misa irritiert, „und wenn er was vermasselt, krieg ich den Ärger! Er hat keine Peilung von Taktik und Strategie. Sobald er einen Gegner sieht, stürmt er drauflos. Und dann glaubt er, alles läuft bestens, aber seinen Gefolgsleuten fehlt völlig die Orientierung bei ihren Einsätzen.“

Hinami wusste, dass Misa der Boss der „Klinge“ war, hatte sie aber bisher noch nie darauf angesprochen.

„Naki und ich sind wie Tag und Nacht. Ich kann ihm meine Methoden nicht aufzwingen, aber so dermaßen planlos zu kämpfen, das geht nicht. Je weniger Opfer, desto besser. So ist es doch, nicht wahr?“

Auch Misa hatte viele Mitstreiter bei Kämpfen verloren. Trotzdem setzte sie ihre Mission fort, um ihre Leute zu beschützen. Das erinnerte Hinami an den weißhaarigen Ken, der unermüdlich gegen seine Gegner gekämpft hatte.

Ken Kaneki.

Er hatte ihr beigebracht, dass Sprache und Worte etwas Schönes sein konnten. Sein Lächeln hatte ihr gefallen. Doch die Erinnerung an die Zeit mit ihm machte sie traurig.

„Tja, ‚süß' oder ‚niedlich', das beschreibt Mädchen wie dich ganz gut", bemerkte Misa plötzlich und riss Hinami aus ihren Gedanken an Ken.

„Bitte?"

„Wie soll ich das sagen ... Du weckst diesen Beschützerinstinkt bei den Männern. Oder nein, nicht bloß bei Männern, sondern bei allen. Jedenfalls hast du diese besondere Ausstrahlung", erklärte Misa. „Ganz anders als ich."

Misa meinte das natürlich nicht böse, doch ihre Worte trafen Hinami wie ein Messer in die Brust.

„Hinami?"

Zwischen denjenigen, die andere beschützten, und denen, die beschützt wurden, gab es eine schier unüberwindbare Grenze.

Hinami kamen die Worte der Frau in den Sinn, die ihr Leben verändert hatte: „Du hast eigentlich überhaupt nichts getan ... Du hast deine Freunde verloren, weil du zu schwach warst ... Das ist ganz allein deine Schuld."

Ihre Worte hatten sich in Hinamis Kopf eingenistet wie ein grausamer Fluch.

Die besagte Frau hieß Eto – alias Sen Takatsuki. Sie war eine Schriftstellerin, deren schöne Geschichten Hinami fasziniert hatten.

Eto hatte Hinami, die stets von allen beschützt worden war, eine bittere Wahrheit aufgezeigt. Und sie war diejenige gewesen, die Hinami zum Phönixbaum geführt hatte.

Hinami hatte sich entschieden, dem Phönixbaum beizutreten, um stark zu werden. Doch auch hier wurde sie stets nur behütet. Erst war es ihre verstorbene Mutter, dann Ken und nun kümmerten sich Ayato und Misa … Hinami war immer diejenige, die alle umsorgten.

„Ich beneide dich, Misa", seufzte sie. „Du stehst immer an der Front und kämpfst für deine Leute … Und ich verstecke mich. Wie kann ich so mutig werden wie du? Wann kommt der Tag, an dem ich für andere eine Beschützerin sein kann?"

Je mehr sie darüber sprach, desto erbärmlicher fühlte sie sich. Doch sie wusste einfach nicht, wie sie aus diesem Teufelskreis ausbrechen konnte.

Besorgt schaute Misa sie an.

„Mir ist immer noch nicht ganz klar, was dir so zu schaffen macht. Alle haben ihre Rolle. Manche führen das Team, andere unterstützen." Nach einer kurzen Pause fuhr sie fort: „Ich schätze deine Fähigkeiten. Viele Ghule des Phönixbaums haben Probleme mit dem Kontakt zu anderen, du nicht. Und du bist eine der wenigen Frauen in unserer Gruppe. Aber wir sind nicht hier, um ein Therapiegespräch zu führen, oder? Haben wir nicht was Besseres zu tun?"

Hinami erinnerte sich an den Zweck des Ausfluges: „Ich wollte Kaffeezubehör besorgen …"

„Ganz genau. Konzentrier dich erst mal auf das, was du vorhast. Danach reden wir über deine Probleme. Außerdem knallt hier die Sonne zu sehr."

Misa, die an die Mittagssonne nicht gewöhnt war, kniff die Augen zusammen.

„Oh, bitte entschuldige!"

Misa seufzte leise. „Schon gut. Alle Frauen haben ihre depressiven Phasen."

Am liebsten hätte Hinami gefragt, ob Misa also auch solche Phasen hatte. Doch sie riss sich zusammen und schluckte ihre Frage runter.

Zubehör und Maschinen zur Kaffeezubereitung gab es en masse, Hinami brauchte jedoch ganz einfache Geräte, mit denen sie in ihrem Versteck jederzeit und schnellstmöglich Kaffee kochen konnte. Da sie nicht genau wusste, welche Utensilien sie benötigen würde, ließ sie sich von einem Verkäufer beraten, der ihr erklärte, was sie kaufen sollte: eine Kaffeemühle, einen Kaffeefilter, Filterpapier, eine Kanne mit einem schmalen Ausguss, um heißes Wasser in den Filter zu gießen, sowie eine Glaskanne für den fertigen Kaffee.

„Kaffeebohnen brauch ich auch noch!"

Als Hinami und Misa den Kaffeeladen betraten, stieg ihnen ein starker, jedoch keineswegs unangenehmer Geruch in die Nase. Als Hinami damals mit Toka zusammen Bohnen kaufen gegangen war, hatten sie die Gerüche sehr überrascht.

„Unglaublich!" Auch Misa schien davon begeistert zu sein. „Und es gibt richtig viele Sorten!"

In den Vitrinen lagerten alle möglichen Kaffeesorten.

„Weißt du schon, welchen du möchtest?", fragte Misa.

„Ähm … ich kenne zwar den Namen nicht, aber suche was Bestimmtes … oh, Entschuldigung!“ Hinami sprach einen der Verkäufer an und bat darum, die verschieden Aromen prüfen zu können.

Konzentriert roch Hinami an verschiedenen Sorten und wählte schließlich den Kaffee, den Toka immer getrunken hatte. Sie wusste zwar nicht, wie die Sorte hieß, erinnerte sich aber noch genau an den Geruch.

„Der ist es!“

Die Sorte passte genau zu dem Geruch in ihrer Erinnerung. Erleichtert kaufte sie eine Tüte davon.

# III

„Hi, Misa."

Im Versteck warteten die Ghule der „Klinge" bereits auf ihre Rückkehr.

„Mitsushita, wie lief's?"

„Alles in Ordnung. Und? Wie war es draußen?"

„Richtig hell. Und der Laden hat krass nach Kaffee gerochen."

„Aha."

Dieser Unterhaltung nach war für Hinami keine Hierachie zwischen Misa und Mitsushita zu erkennen. Natürlich hatte er Respekt vor seiner Teamleiterin, aber er begegnete ihr auf Augenhöhe.

Bei der „Klinge" ging es sehr familiär zu. Wahrscheinlich kannten sie sich schon seit ihrer Kindheit und waren im Laufe der Zeit zu einer echten Gemeinschaft zusammengewachsen. Auch schienen sie alle gleichberechtigt zu sein. Eine stramme Hierarchie konnte Hinami nicht ausmachen.

Der vertrauliche Umgang unter den Mitgliedern der „Klinge“ beruhigte Hinami und ihr wurde klar, dass sie ihre Rolle beim Phönixbaum wahrscheinlich zu negativ einschätzte.

Der Mangel an Selbstvertrauen hatte sie unsicher und depressiv gemacht. Von nun an wollte sie niemandem mehr zur Last fallen, sondern sich auf das fokussieren, was sie gut konnte. Sie erinnerte sich an Misas Worte: „Konzentrier dich erst mal auf das, was du vorhast.

„Hast du Ayato gesehen?“, wandte sich Misa erneut an Mitsushita.

„Hm? Nein, er ist bestimmt noch unterwegs“, antwortete er.

„Verstehe“, sagte Misa etwas enttäuscht und warf ihren Blick auf Hinamis Einkaufstüte.

„Schade, aber er wird schon noch kommen. Koch schon mal ’nen leckeren Kaffee für ihn. Also“, warf Misa Hinami zu und wollte sich gerade verabschieden.

Doch Hinami hielt sie zurück: „Ähm, Misa …“

„Ja?“

Hinami holte die Packung Kaffeebohnen aus ihrer Einkaufstüte heraus.

„Möchtest du den Kaffee … vielleicht mal probieren?“

Misa blinzelte.

„Aber den hast du doch für Ayato gekauft!“

„Ja, aber du hast mich netterweise beim Einkaufen begleitet. Deshalb möchte ich gern auch dir einen Kaffee kochen.“

„Mhm …“

Nach einer kurzen Denkpause fasste sich Misa schließlich ein Herz: „Die erste Tasse sollte ja eigentlich Ayato trinken … Aber gut. Ich würde den Kaffee gerne kosten. Du brauchst sicher eh 'ne Generalprobe, bevor du für Ayato Kaffee kochst, oder? Und ich bin echt neugierig, wie der schmeckt!"

Misas Lächeln freute Hinami. Das war ein Gefühl, das Hinami lange nicht erlebt hatte.

„Also, zuerst …"

Hinami kochte Wasser und goss es in die Tassen und die Glaskanne, um sie anzuwärmen, denn sie erinnerte sich an die Worte von Enji Koma aus dem Café Antik: „Wenn der Kaffee heiß beim Kunden ankommen soll, muss man die Kanne und die Tassen vorwärmen."

Mit viel Liebe hatte er den Kaffee gekocht, egal wie sehr ihn seine Kollegin Kaya dabei gehetzt hatte.

Hinami folgte den Zubereitungsschritten gemäß ihrer Erinnerung.

„Ich wusste nicht, dass Kaffeekochen so aufwendig ist …" Mitsushita hatte sich neugierig zu ihnen gesellt.

„Ach, weißt du, Kochen ist doch immer mühsam", kommentierte Misa. „Reiche Ghule bearbeiten Menschenfleisch mit allen möglichen Methoden."

„Aha … Also als wir noch im Untergrund gelebt haben, da haben wir Menschenfleisch getrocknet. So was in der Art?“, erkundigte sich Mitsushita.

Währenddessen mahlte Hinami mit der Mühle die Bohnen und schüttete das Pulver ins Filterpapier, das sie zuvor in den Kaffeefilter gesetzt hatte.

„Der nächste Schritt ist sehr wichtig …“

Sie erinnerte sich, wie es Herr Yoshimura, der Chef des Antik, getan hatte. Andächtig hob sie die Metallkanne mit heißem Wasser.

„Am Anfang gieße ich nur ein bisschen …“

Das heiße Wasser sickerte langsam ins Kaffeepulver.

„Hmm, das riecht schon richtig gut!“, bemerkte Mitsushita. Auch Misa stimmte zu.

In Hinamis Kopf meldete sich ein weiterer Antik-Mitarbeiter, Nishiki Nishio, zu Wort: „Jetzt kurz warten … und dann gieße ich weiter … immer kreisförmig …“

So goss Hinami das heiße Wasser weiter in den Filter. An der Theke des Antik hatte sie dem Personal gern zugesehen.

Ken, Toka, Enji, Kaya, Nishiki und Herr Yoshimura – alle hatten auf diese Art und Weise Kaffee gekocht.

„So, bitte schön.“

Hinami goss den Kaffee in die Tasse und servierte ihn Misa.

„Gut, dann koste ich mal.“

Misa hielt die Kaffeetasse mit beiden Händen und führte sie zum Mund. Mit angespanntem Blick beobachtete Hinami jede ihrer

Bewegungen. Der heiße Kaffee benetzte Misas Lippen und floss ihr in den Mund. Hinami sah, wie sich Misas Kehle bewegte, als sie den Kaffee hinunterschluckte.

„Schmeckt ja fantastisch!", rief Misa, sobald sie den Mund von der Tasse gelöst hatte. Ihr Gesichtsausdruck verriet, dass sie die Wahrheit sagte.

„Das freut mich", begann Hinami noch, ehe ihr die Tränen in die Augen stiegen. Sie erinnerte sich an das Lächeln der Antik-Mitarbeiter, wenn sich Hinami für ihren Kaffee bedankt hatte.

„Wir helfen einander" – das Motto des Antik hatte ihr immer den Rücken gestärkt.

Sie drehte sich kurz um, wischte schnell ihre Tränen weg und versuchte, sich wieder zu beruhigen. Jetzt wollte sie den Kaffee selbst kosten, doch ihr Vorhaben wurde von einer lauten, männlichen Stimme unterbrochen.

„Hey, was ist das für ein sensationeller Gestank?!"

Erschrocken drehte sich Misa um und sah: Der Boss der weißen Anzüge, Naki, war da.

„Gagi! Guge!"

Nakis treue Vasallen, Gagi und Guge, folgten ihm wie immer auf Schritt und Tritt.

„Bruderherz", warf Hoguro ein, „du meintest ‚hier riecht's gut', oder? ‚Gestank' ist eher ein negativer Ausdruck. Oh, Tante Misa hat da was in der Hand!"

„Schau mal, sie trinkt Kaffee!", rief Shosei Idera.

Die beiden waren ebenfalls Mitglieder der „Weißen Anzüge" und begleiteten Naki.

„Ach ja, stimmt!"

Naki nahm Misa die Kaffeetasse aus der Hand und trank den Rest.

„Naki, du Bastard! D… das ist doch 'n indirekter K… Ku…!", schrie Misa mit knallrotem Gesicht.

Doch Naki kümmerte sich gar nicht darum, öffnete die Augen weit und brüllte: „Oooooooh!"

„Du schreist ja, als hätte deine Lieblingsmannschaft ein Tor geschossen."

Völlig außer sich starrte Naki in die leere Kaffeetasse.

„Was ist das für 'n Luxusgesöff?! Ist ja ganz anders als der Dosenkaffee aus den Getränketomaten, die ich immer kaputt mache!"

„Nicht ‚Getränketomaten', sondern ‚Getränkeautomaten', Bruderherz."

„So was kann man bestimmt nur in 'nem besonderen Laden bestellen, wo sich nur Penner sammeln."

„‚Kenner' wolltest du sagen, oder?"

Naki, der ständig irgendwelche Wörter verdrehte, wandte sich an Misa.

„Hey, Alte! Wo hast du den Kaffee her?" Er schüttelte die leere Tasse.

Misa raste vor Wut und riss ihm die Tasse aus der Hand. „Geht dich gar nichts an!"

„Gagi Gaga!"

„Gu Ge!"

Was Gagi und Guge erzählten, war für Hinami und Misa völlig unverständlich, doch Naki begriff, dass Hinami den Kaffee zubereitet hatte. In der Glaskanne auf dem Tisch war noch mehr davon.

„Hinami, du hast den superleckeren Kaffee gekocht?!" Seine Augen glänzten.

„Ja, ich wollte die Sachen ausprobieren, weil ich sie heute erst gekauft hab."

„Bitte! Gib mir noch eine Kasse!"

„Eine ‚Tasse'!", korrigierte Misa gereizt und fuhr fort: „Eigentlich hat sie das alles für jemand anderen gekauft."

Misa versuchte, Naki irgendwie abzuwimmeln, doch er blieb hartnäckig.

„Meine Leute müssen ihn unbedingt auch kosten!"

Als Vorgesetzter dachte Naki immer an seine Gefolgsleute, die hinter ihm standen und schon begeisterte Blicke austauschten.

Hinami nickte.

„Gern. Ich koche Kaffee für alle! Misa, Mitsushita, für euch mache ich auch noch mal welchen."

„Aber Hinami, das ist doch …"

„Keine Sorge! Für Ayato hebe ich schon was auf", beschwichtigte Hinami sie und lächelte. „Ich hab wirklich Lust drauf, für euch alle Kaffee zu kochen!"

Und so machte Hinami für alle Anwesenden Kaffee. Da Naki mehr und mehr Leute seiner Gruppe herbeizitierte, kam sie kaum dazu, sich auszuruhen.

Irgendwann schrie Misa Naki an und machte ihm klar, dass er jetzt genug gefordert hatte. Der Streit der beiden wäre beinahe eskaliert, doch letztendlich gab Naki auf – mit einer Bitte: „Noch eine Kasse, mehr verlange ich nicht!" Und er begründete seinen Wunsch: „Ich will ihn meinem großen Bruder Gecko geben!"

Gecko, sein großes Vorbild, war nicht mehr am Leben. Hinami wusste zwar nicht, wie Naki den Kaffee Gecko überreichen wollte, dafür merkte sie aber, wie gut ihm der Kaffee gefiel. Also machte Hinami eine letzte Tasse für ihn. Naki hob sie empor, als wäre ihm etwas Wertvolles verliehen worden.

„Ganz herzlichen Tank!", bedankte er sich, ehe er verschwand. Sie wusste schon, was er damit meinte.

Nun waren die Kaffeebohnen fast alle. Der Rest reichte höchstens noch für zwei Tassen. Völlig erschöpft sagte Misa: „Trink den Rest mit Ayato zusammen", und zog sich in ihr Zimmer zurück.

# IV

Spät in der Nacht kehrte Ayato zurück ins Versteck.

„Weißt du, was mit Naki los ist?“ fragte er Hinami. „Er hat 'ne Kaffeetasse hochgehalten und ständig Geckos Namen geschrien. Was ist das für ein Ritual? Sah fast aus wie ein Regentanz“, fügte er hinzu.

Von dem merkwürdigen Kaffeetanz war Ayato sicherlich verwirrt, Hinami aber auch, weil sie keine Vorstellung davon hatte, was Naki mit ihrem Kaffee gemacht hatte.

Hinami wollte Ayato erzählen, wie es dazu gekommen war, doch dann sagte sie sich: *Ihm Kaffee zu kochen, geht wahrscheinlich schneller, als alles zu erzählen.*

„Ayato, hast du jetzt Feierabend?“

„Hm? Ja, endlich“, murmelte er, legte seine Hand an den Hals und stöhnte leise. Durch die ständigen Einsätze schien er ziemlich erschöpft zu sein.

„Ähm … Ich habe eine Überraschung für dich. Bleibst du kurz hier? Es dauert nicht lange", fragte Hinami vorsichtig, hatte aber ein schlechtes Gewissen, weil sie Ayato nicht aufhalten wollte.

„Dann mach schnell", erwiderte er schroff, wobei seine Reaktion sie mal wieder an Toka erinnerte.

Hinami setzte das Wasser auf und legte das Papier in den Filter.

„Ist das der Kaffee, den Naki vorhin hatte?", erkundigte sich Ayato und nahm die Bohnenpackung in die Hand.

„Ich habe ihn heute gekauft, er schien ihm sehr gefallen zu haben …"

„Da ist ja kaum was übrig."

Wie Ayato richtig feststellte, waren die Bohnen schon fast alle, aber dank der vielen Übung am Nachmittag hatte sie inzwischen eine gewisse Routine bei der Kaffeezubereitung.

Hinami gab Bohnen für eine Tasse in die Mühle und mahlte sie sorgfältig. Sie wollte ihm zeigen, was sie gelernt hatte.

Ayato saß still an der anderen Seite des Tisches und beobachtete sie. Verglichen mit damals, als sie sich kennengelernt hatten, war er sowohl körperlich als auch mental gewachsen. Er wirkte immer noch barsch, doch Hinami spürte, dass er viel Rücksicht auf sie nahm.

Als sie eines Tages Tataras skrupellosem Befehl, einen Verräter auszulöschen, nicht gehorchen wollte, hatte Ayato sie gefragt: „Warum willst du beim Phönixbaum bleiben?"

Damals war er der Meinung gewesen, dass der Phönixbaum nicht der richtige Ort für sie war. Und trotzdem wollte sie nicht einfach wegrennen.

Hinami goss das heiße Wasser über den frisch gemahlenen Kaffee. Das war der Augenblick der Geruchsbildung, den Misa und Naki so genossen hatten, doch Ayato schien in Gedanken versunken zu sein. Er war seit jeher ein wortkarger Kerl, aber jetzt schien die Ursache eine andere zu sein. Womöglich dachte er gerade an seine Vergangenheit.

„So, bitte schön."

Sie goss den fertigen Kaffee in die Tasse und stellte sie vor ihm ab. Ayato, der abwesend vor sich hin starrte, reagierte erst einige Sekunden später.

„Ah ..."

Er nahm die Tasse in die Hand, trank einen Schluck und schwieg.

„Ich hoffe, es schmeckt dir“, flüsterte Hinami.

„Wie bist du denn plötzlich darauf gekommen, Kaffee zu kochen?“ Auf ihn wirkte Hinamis Kaffee-Aktion wie ein spontaner Einfall.

„Weil ich was Gutes für dich tun wollte.“

„Was Gutes?“, fragte Ayato und sah Hinami in die Augen.

„ Weil ich ein schlechtes Gewissen habe, dass ich dir so ein Klotz am Bein bin.“

Ayato blickte wieder stumm in seine Kaffeetasse und trank noch ein paar weitere Schlucke. Dann stellte er die Tasse schließlich auf den Tisch und sagte: „Das nächste Mal besorge ich die Bohnen.“

Zum Geschmack äußerte er sich mit keinem Wort, doch Hinami begriff, was er sagen wollte.

„Ich koch gern wieder welchen!“, sagte Hinami erleichtert.

Die Ereignisse dieses Tages hatten ihr Mut gemacht, um unter diesem dunklen, riesigen Baum weiterzuleben. Selbst wenn sie jetzt noch nicht das Licht darüber wahrnehmen konnte, würde irgendwann sicherlich der Tag kommen, an dem sie der ewigen Dunkelheit entrinnen würde.

Also kochte sie am Ende des Tages noch diesen einen Kaffee, um zur dunkelsten Stelle des Baumes vorzudringen.

„Ent…schuldigung …“

Hinami sprach eine Frau an, deren Körper komplett unter einem Verband verborgen war. Sie schwebte mit leichten Schritten durch die Nacht und genoss den kühlen Wind. Ihr Name war Sen Takatsuki, genannt Eto. Neben ihr stand ein geheimnisvoller Ghul namens Noro. Auch er hatte Hinami bemerkt, ignorierte sie jedoch.

„Entschuldigung!"

Hinami nahm all ihren Mut zusammen, um Eto erneut anzusprechen. Endlich drehte sie sich um.

„Ja, Hinami? Was ist los?", fragte sie und kicherte.

Hinami hielt ihr den Kaffee hin.

„Ich … hab ihn für dich gekocht … ich meine, nur wenn du möchtest …" Trotz all ihrer Angst versuchte Hinami möglichst natürlich zu lächeln.

Eto sprang von einer Stufe herunter, landete direkt vor Hinami und betrachtete neugierig den Kaffee. Hinami spürte, dass die Luft augenblicklich erdrückend schwer wurde, aber sie riss sich zusammen.

Nach einer Weile nahm Eto die Tasse in die Hand. Doch …

„Ah …!"

Vor Hinamis Augen wurde die Kaffeetasse schamlos ausgekippt. Der Kaffee ergoss sich über den Boden und hinterließ Spritzer auf Hinamis Füßen.

Dann ließ Eto die Tasse los.

„Danke für den leckeren Kaffee!"

Mit einem lauten Knall zersplitterte die Tasse. Doch was kaputtging, war nicht nur die Tasse.

Eto kicherte aufs Neue und verschwand mit federleichten Schritten.

Sobald Eto fort war, sank Hinami zu Boden. Sie wollte etwas sagen, doch sie brachte kein Wort über die Lippen.

Sie sah, wie der heiße Kaffee auf dem kalten Boden verendete und mit ihm … der letzte Hoffnungsschimmer.

Hinami fragte sich nur eins: Ob irgendwann der Tag käme, an dem sie – wie all die anderen unzähligen Opfer – verfaulen und als Futter für diesen riesigen Baum enden würde …

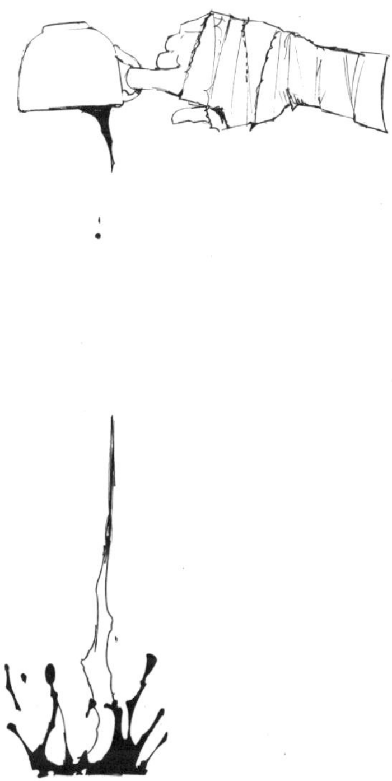

# #003
# [ wirkung ]

TOKYO GHOUL

rë

LIGHT NOVEL
suche

# I

„Sie wollen mit Herrn Suzuya reden? Er macht grad Pause und isst was. Warten Sie, bis er fertig ist?“

Mizuro Tamaki, ein Mitglied des Teams Suzuya, ließ den Besucher, der dringend ein Gespräch mit seinem Vorgesetzten wünschte, eiskalt warten.

Team Suzuya, das von Naturtalent Juzo Suzuya geleitet wurde, war eine Eliteeinheit des 13. Bezirks. Allen Mitgliedern waren schon etliche Auszeichnungen verliehen worden. Wie riskant ihre Missionen und Kämpfe auch waren – sie hatten stets ihren Job erledigt und waren lebend zurückgekehrt.

Wer Suzuya nicht persönlich kannte, musste annehmen, dass so ein erfolgreiches Team von einem Paradebeispiel von Anführer geleitet wurde, doch Suzuya und seine Kollegen waren alles andere als regelkonforme Ghulermittler. Selbst die Führungskräfte waren häufig ratlos, wie sie mit Suzuyas Launen umgehen sollten.

Die jetzige Situation zeigte es mal wieder:

Das Gehirn des CCG und Erster Fahnder des Dezernats II, Itsuki Marude, erschien in Suzuyas Büro und wurde rotzfrech von dessen Untergebenem Mizuro abgewimmelt, weil sein Chef beschäftigt sei und gerade einen Snack verputze.

Mizuro war ein junger Ermittler und wirkte wie ein normaler Student. In Suzuyas Team war er zwar nichts als ein Laufbursche, dennoch war er ein Teil der Elite, zu der diese Einheit gehörte.

Sofort traten dicke Zornesadern auf Marudes Stirn hervor.

„Das ist doch kein Grund, mich warten zu lassen!“, brüllte er und verschaffte sich Zugang zum Büro. Mizuro hatte keine Chance, ihn aufzuhalten, und warf seinem Chef einen entschuldigenden Blick zu.

„Was ist los?“

Juzo saß in seinem Bürostuhl und neigte den Kopf zur Seite. Er war Zweiter Fahnder, noch sehr jung und hatte ein ebenso geheimnisvolles wie hübsches Porzellangesicht. In seiner Hand hielt er einen Windbeutel mit Vanillecreme, den sein Kollege in einem beliebten Laden gekauft hatte. Er schmeckte besonders gut, weil man die extra verpackte Vanillesoße direkt vor dem Essen selbst anrührte.

„Es ist wegen des Einsatzes bei der Auktion, da wollte ich dich was fragen. Hey, hör auf zu futtern, wenn ich mit dir rede! Ach, Mann. Egal …“

Nur allzu gern hätte Marude seinen Kollegen getadelt, aber er gab schnell auf. Es brachte ja doch nichts, ihm Manieren beibringen zu wollen.

Marude wollte bei Juzo Details über seinen Einsatz bei einer Auktion einholen, bei der Ghule entführte Menschen versteigert hatten. Juzo und seine Kollegen hatten bei diesem Einsatz eine zentrale Rolle eingenommen und damit große Verdienste erworben. Da Marude an jenem Tag eine andere Mission, den Transport des Quinkemetalls, betreut hatte, wollte er von Juzo aus erster Hand erfahren, wie es gelaufen war.

Irritiert darüber, wie Marude Juzos Nachmittagskaffee stören konnte, beobachtete Mizuro seinen Vorgesetzten und den Gast. Egal in welcher Situation – Juzo hatte für sein Team immer den absoluten Vorrang.

„Der war ja richtig schlecht gelaunt", stellte Juzo im Anschluss fest. Marude hatte in seiner Pause nur einen kurzen Einsatzbericht hören wollen. Als er aber gemerkt hatte, dass die Geschichte viel länger dauern würde, hatte er Juzo gebeten, später in sein Büro zu kommen.

„Der braucht Zucker", schlussfolgerte er, während er die Creme von seiner Hand leckte.

„Herr Suzuya, hier haben Sie eine Serviette", sagte Hanbe und reichte ihm ein feuchtes Tuch. Hanbe war ein großer, schlanker Ermittler mit langen, schwarzen Haaren. Mizuro und er hatten die CCG-Junior-Akademie gemeinsam besucht.

„In Sachen Auktion kann Fahnder Washu doch viel mehr erzählen, oder nicht?", überlegte Mizuro. Der Zweite Fahnder Matsuri Washu, der – genau wie Marude – dem Dezernat II angehörte, hatte schließlich die Leitung des Einsatzes übernommen.

„Es heißt, Fahnder Marude und Fahnder Washu vertragen sich nicht gut. Deswegen kam er wohl zu uns", erklärte Vizeleiter Keijin Nakarai, der an seinem Tisch saß und einen Ermittlungsbericht las.

„Denk doch erst mal nach, bevor du dumme Fragen stellst."

Er warf Mizuro einen strengen Blick zu und Mizuro duckte sich.

„Was ist denn los, Mizuro? Du bist ja blass wie der Neptun!"

Ein weiterer Kollege, Miyuki Mikage, zog ihn natürlich gleich damit auf. Der Hobby-Astronom hatte nur Flausen im Kopf, bei ihm drehte sich alles um den Weltraum. Er war durchaus ein starker Kämpfer, lebte aber in völlig anderen Sphären.

„Herr Marude scheint auf jeden Fall noch mehr Infos vom letzten Einsatz haben zu wollen", sagte Juzo, leerte den Saft, den Hanbe ihm serviert hatte, und stand auf. „Na, dann ich geh mal zu ihm."

„Ich begleite Sie, Herr Suzuya!"

„Nein, Hanbe. Du bleibst hier."

Die Enttäuschung darüber, nicht mitkommen zu dürfen, stand ihm ins Gesicht geschrieben. Doch Juzo kümmerte sich nicht um ihn und verließ zügig den Raum.

„Bis nachher!"

„Hey, was sollte das?" Keijin packte Hanbe an der Schulter. „Bei der Unterredung geht's sicher um Big Madam, ist doch klar. Und Herr Suzuya möchte ganz einfach nicht vor uns darüber sprechen. Hast du's jetzt geschnallt?"

Keijin griff Hanbes Schulter so fest, als wollte er ihm das Fleisch von den Knochen reißen.

„Hiaaah! E… e… es tut mir fruchtbar leid!"

Bei der hochgradig gefährlichen Ghula Big Madam hatte Juzo seine Kindheit verbracht. Sie war äußerst brutal gewesen und hatte den kleinen Juzo jahrelang missbraucht. Doch für ihn zählte nur, dass sie diejenige war, die ihn aufgezogen hatte. Über Juzos Vergangenheit wussten Mizuro und seine Kollegen nicht viel. Als Juzo Big Madam bei der Auktion eliminiert hatte, hatte er sie „Papa" genannt und seine Kollegen rätselten bis heute, was das zu bedeuten hatte.

„Auch ein Meteorit kann einem Stern beim Wachsen geholfen haben … Hoffentlich war der Schock nicht zu groß für ihn." Miyukis Metapher war wieder mal schwer zu verstehen, aber auch er schien sich über Juzo Gedanken zu machen.

Man sah Juzo seine Trauer zwar nicht wirklich an, doch der Tod von Big Madam musste ein einschneidendes Ereignis für ihn gewesen sein.

„Das war pietätlos von mir", stimmte Hanbe zu und biss die Zähne zusammen. „Ich hätte mehr Rücksicht nehmen sollen."

„Vielleicht könnte ich Herrn Suzuya irgendwie eine Freude machen", grübelte Mizuro. Er wollte nicht nur seinem Chef, sondern auch sich selbst mal etwas Gutes tun.

Eigentlich hatte er mit sich selbst geredet und nicht erwartet, dass jemand Notiz davon nehmen würde. Im nächsten Moment merkte er jedoch, dass Keijins strenger Blick auf ihm ruhte.

„Oh nein! Bitte, Verzeihung!", entschuldigte sich Mizuro reflexartig, ohne so richtig zu wissen, wofür überhaupt.

Doch mit ruhiger Stimme erwiderte Keijin: „Warum nicht?"

„Hä?"

„Du solltest nicht übers Ziel hinausschießen, aber wenn dir was für Herrn Suzuya einfällt, um ihn aufzumuntern, etwas, das nicht zu verrückt, aber trotzdem irgendwie ungewöhnlich und unterhaltsam ist, dann finde ich die Idee sehr gut", verblüffte Keijin seinen Kollegen. „Mach das ruhig!"

„Ähm, ich alleine?!", fragte Mizuro verunsichert.

„Du hast doch gesagt, dass du ihn aufmuntern möchtest."

Das stimmte zwar, aber er glaubte nicht, dass er das alleine schaffen würde.

„Ich helfe dir, Mizuro", bot Hanbe sich an. Ob das reichen würde?

„Ich glaube nicht, dass uns beiden allein was Passendes einfällt."

Ratlosigkeit machte sich breit.

Schließlich gab Keijin ein Seufzen von sich. „Ich habe ja nicht gesagt, dass ich euch nicht helfe."

„Wirklich?! Ähm, dann … übernehme ich diese Mission!"

„Gut", sagte Keijin und bestätigte noch einmal, dass er mit von der Partie war.

„Vielen Dank!" freute sich Mizuro.

„Auch ich bin ein Teil dieser Galaxie." Miyuki schien ebenfalls mitmachen zu wollen.

„Aber … was machen wir?", fragte Hanbe in die Runde.

„Du bist doch derjenige, der immer an seiner Seite klebt. Mach du einen Vorschlag!"

Keijins Ton ließ Hanbe ängstlich zusammenzucken.

„Ah … ähm … Herr Suzuya steht auf Süßkram, nicht wahr?"

„Das weiß doch jeder. Lass dir was einfallen, was uns weiterhilft, du Nichtsnutz."

Keijins Worte waren hart, aber Mizuro fand, dass Hanbes Gedanke schon in die richtige Richtung ging.

„Ähm, ansonsten geht er gern in den Zoo und beobachtet Giraffen“, überlegte Hanbe weiter und schaute vorsichtig zu Keijin. Dessen Gesichtsausdruck war immer noch genauso ungerührt wie vorher.

„Versteckenspielen findet er gut!“

„Ja, Herr Suzuya hat erwähnt, dass er das gern mal wieder machen würde.“

Als sie mal in der Pause Verstecken gespielt hatten, hatte sich Juzo so gut versteckt, dass sich das Suchen bis zum Abend hingezogen hatte. Juzo hatte viel Spaß gehabt, aber Keijin schüttelte den Kopf.

„Irgendwann, ja, aber nicht jetzt. Es dauert ewig, ihn zu finden, und er langweilt sich bestimmt zu Tode währenddessen."

Juzo war schwerer ausfindig zu machen als jeder Ghul. Letztes Mal hatte er sich hinter einem Regal versteckt, wofür er extra ein Loch in die Wand geschlagen hatte. Hätte Keijin nicht die Schleifspuren am Boden entdeckt, die das Schieben des Möbelstücks hinterlassen hatte, wäre Juzo bis heute dort drin.

Aber was konnte man sonst machen? Hanbe und Mizuro zerbrachen sich den Kopf und äußerten ihre Ideen, doch Kejin lehnte alles ab. Juzo würde bestimmt gleich zurück sein.

„Miyuki, hast du einen Vorschlag? Was sagen die Sterne?" Mizuros kläglicher Hilferuf erinnerte an einen Ertrinkenden, der nach jedem Strohhalm griff.

„Wenn du keinen guten Einfall hast, kehrst du zum Ausgangspunkt zurück. Der beste Weg ist, sich zu vergegenwärtigen, wie das Universum entstanden ist."

„Wir können doch jetzt nicht bei Adam und Eva anfangen!"

„Hach, sei nicht so kurzsichtig. Denk globaler."

Mizuro war etwas irritiert darüber, dass er tatsächlich nicht einen Funken Konstruktivität von ihm erwarten konnte. Wenn Miyuki bei der Ghulbekämpfung nicht so hilfreich wäre, hätten sie ihn längst zur NASA geschickt.

Keijin schien allerdings von Miyukis Worten inspiriert worden zu sein.

„Zum Ausgangspunkt … Also, die Idee mit den Süßigkeiten war eigentlich gar nicht schlecht!“, sinnierte er. „Herr Suzuya steht auf Karamellpudding. Nicht nur auf den Geschmack, sondern auch auf die Form.“

Im Kühlschrank des Büros fanden verschiedenste Nachspeisen ihren Platz, inklusive der Puddinge, die Hanbe stets für Juzo besorgte. Vor jedem Verzehr stürzte er den Pudding extra auf einen Teller, damit Juzo sich daran erfreuen konnte.

„Also besorgen wir leckeren Karamellpudding!“, resümierte Mizuro. Er schlug vor, verschiedenste Puddingsorten aus beliebten Konfiserien zu besorgen und mit den allerbesten lokalen Produkten aufzuwarten.

„Das ist viel zu ordinär. Wenn wir ihn wirklich überraschen wollen, gibt's nur eine Möglichkeit.“

„Und die wäre?“

„Selber machen – und zwar einen ganzen Eimer voll.“

„Karamellpudding im Eimer?“

Das war eine Riesenmenge. Ob Keijin durch Miyukis empfohlenes „globales Denken“ darauf gekommen war?

„Wie gesagt, es soll etwas Originelles sein.“

Die Idee, einen Riesenpudding zu kreieren, erfüllte diese Bedingung allemal.

„Ich hoffe nur sehr, dass er davon keine Bauchschmerzen bekommt …“, warf Hanbe zögernd ein.

„Hast du was dagegen, oder wie?“, fuhr Keijin ihn sofort scharf an.

„Nein, natürlich nicht! Aber so viel Pudding kann er doch nicht alleine verdrücken …“

„Muss er auch nicht. Das wird ein richtiges Event. Wir können den Pudding alle zusammen essen.“

„Stimmt schon“, gab Hanbe verhalten zu.

Nun konnte sie nichts mehr von ihrem Plan abbringen.

„Gut, wir machen also ’nen riesigen Karamellpudding … Aber wie kocht man Pudding überhaupt?“

Mizuro hatte bis dato kaum Zeit in der Küche verbracht. Außerdem ging es hier nicht um einen normalen, sondern um einen Karamellpudding gigantischen Ausmaßes. So ohne jede Erfahrung konnte das mächtig in die Hose gehen.

„Hanbe, kannst du das?“

„Ich esse nichts Süßes.“

Enttäuscht schnalzte Keijin mit der Zunge. Obwohl er selbst ja auch kaum Erfahrung damit hatte.

„Wenn wir was für Herrn Suzuya kochen, muss es richtig gut schmecken. Wir brauchen jemanden, der was drauf hat und uns helfen kann.“

„Hmm, wen sollen wir fragen?“

Nach kurzer Überlegung fiel Mizuro der Name einer Frau ein: „Fahnderin Aura vielleicht?"

Da Keijin früher bei ihr gearbeitet hatte, dachte Mizuro, dass sie durchaus die Richtige für diesen Job sein könnte. Doch Keijin glotzte ihn an, als wollte er ihn gleich erwürgen.

„Frau Fahnderin hat genug um die Ohren. Wie wär's mal mit etwas Realistischem, wenn du hier nicht sterben möchtest."

„Ä … ähm … na, dann …"

Akira Mado und Misato Gori fielen Mizuro noch ein.

„Ich hab noch nie gehört, dass die beiden Fahnderinnen kochen können", erwiderte Keijin. Da sein Team weder zu Akira noch zu Misato engen Kontakt hatte, hätte sich sowieso keiner getraut, die beiden zu fragen.

Mizuro und Hanbe zerbrachen sich weiter den Kopf.

„Ja, ich hab's!" Ein Geistesblitz durchfuhr Hanbe und er sprang auf. „Herr Sasaki! Herr Suzuya hat mal erwähnt, dass er sehr gut kochen kann!"

„Wirklich?!"

„Bist du sicher?", hakte Keijin nach.

Hanbe nickte eifrig.

„Ja! Und nicht nur vom Hörensagen. Ich habe selbst gesehen, wie Herr Suzuya einen selbstgebackenen Kuchen von ihm gegessen hat! Der Kuchen sah wahnsinnig lecker aus und Herr Suzuya war restlos begeistert."

Plötzlich horchten sie auf. Juzo schien zurückzukommen.

„Okay, Mizuro. Du weißt, was du zu tun hast."

„Hä?!"

Beinahe hätte er sich aufgeregt: „Ich soll das machen?!", aber das hätte eh nichts gebracht. Mizuro schluckte seinen Frust runter und nickte gehorsam.

# II

„Ein Eimer Karamellpudding? Ja, klar!"

Trotz der zugegebenermaßen sehr komischen Bitte stimmte Haise sofort zu. Mizuro hatte nicht gedacht, dass es so einfach werden würde.

„Ich wollte mich bei euch eh noch dafür bedanken, dass ihr meine Kollegen gerettet habt."

Team Suzuya war Toru und Kuki aus Haises Team zur Seite gesprungen, als Big Madam gerade im Begriff war, die beiden aufzufressen.

„Danke, Haise. Das wäre wirklich eine große Hilfe."

„Kein Problem! Wird bestimmt lustig", erwiderte er lächelnd. Seine Antwort war eine ungemeine Erleichterung für Mizuro, schließlich war es extrem wichtig, Spaß bei der Sache zu haben.

Haise schlug vor, den Karamellpudding bei ihm im Château zu kochen. Er würde die Zutaten besorgen.

An einem späten Nachmittag, kurz vor Sonnenuntergang, begab sich Team Suzuya also zum Château – natürlich ohne Juzo.

„Ugh … Die Tasche ist so schwer …"

„Ich helf dir, Mizuro."

Das Geschenk, das Keijin zum Dank für Haise ausgesucht hatte, war ein mehrbändiges Vogellexikon. Hanbe trug einen Karton Eclairs. Die älteren Kollegen, Keijin und Miyuki, liefen natürlich mit leeren Händen.

„Miyuki! Nimm mir doch bitte was ab!", flehte Mizuro.

„Tut mir leid, aber ich muss mich darauf konzentrieren, Energie aus den Sternen zu tanken."

„Um diese Uhrzeit gibt's doch kaum Sterne!"

„Aber in meinem Herzen existiert ein Infrarotteleskop."

Ohne jede Unterstützung von Miyuki und Keijin erreichte das Team das Château. Es war ein großes Haus, in dem es sogar einen Trainingsraum gab.

Haise öffnete die Tür und empfing Mizuro und die anderen herzlich.

„Hallo! Kommt doch bitte rein."

„Vielen Dank für deine Hilfe. Wir haben hier eine Kleinigkeit für dich", sagte Mizuro und überreichte ihm das Geschenk. Sein sonst so strenger Vorgesetzter Keijin hatte eine Schwäche für Vögel und betätigte sich in seiner Freizeit als Vogelbeobachter. Da er wusste, wie gern Haise Bücher las, hatte er das Vogellexikon als Präsent für ihn gewählt.

„Wow, cool! So viele tolle Bilder! Und alles sehr übersichtlich strukturiert!“

Lächelnd blätterte Haise durch einen der Bände.

„Vielleicht hast du ja Lust, mal was anderes zu lesen.“

„Ja, gut illustrierte Sachbücher schätze ich sehr!“

Das Geschenk schien Haise zu gefallen. Hanbe überreichte ihm noch den Karton mit den Eclairs. „Das ist für alle deine Quinks.“

„Ach, ihr hättet aber wirklich nichts mitbringen müssen.“

„Ist doch selbstverständlich. Du hast ja sogar die Zutaten besorgt“, sagte Keijin und bedankte sich. Für Mizuro war Keijin nichts als ein Tyrann, doch vor anderen konnte er sehr höflich sein.

„Ich gebe mein Bestes, damit Juzo unser Pudding gefällt!“, sagte Haise vergnügt und führte Mizuro und seine Kollegen ins Haus.

Die fremde Umgebung war spannend, besonders für Mizuro.

„Glotz nicht so neugierig!"

Natürlich wurde er sofort von Keijin getadelt. Er wandte seinen Blick zurück nach vorn und sie betraten eine große Essküche. Auf dem Tisch standen verschiedene Zutaten bereit. Eier, Milch … ein großer Eimer war auch da.

„Der Pudding soll zwar riesig werden, aber appetitlich muss er ja auch aussehen, also hab ich 'nen Eimer ausgesucht, in dem die Masse eine schöne Form bekommt."

Haise wusste offenbar genau, was er tat.

„Theoretisch könnte man sogar einen noch größeren Pudding machen, nur das Stürzen könnte dann schwierig werden. Deshalb denke ich, diese Größe hier wäre optimal. Ist das okay für euch?"

Selbst ein gewöhnlicher Karamellpudding ging beim Stürzen hin und wieder kaputt. Je größer der Eimer, desto riskanter.

„Ja, einverstanden!", antwortete Mizuro. Keijin nickte ebenfalls.

„Gut, dann legen wir los."

Team Suzuya und Haise begannen zu kochen. Mizuro schlug Eier auf und mischte verschiedene Zutaten, Hanbe erwärmte Milch und Keijin machte Karamell. Miyuki assistierte und hatte damit die leichteste Rolle von allen.

„Gib die Gelatine in die Milch. Mizuro, rühr den Zucker so glatt wie möglich, bitte. Und pass bitte gut auf, dass das Karamell nicht anbrennt."

Haises Anweisungen waren so präzise, dass sich selbst diejenigen, die noch nie in der Küche gestanden hatten, sorglos in die Arbeit stürzen konnten. Mit einem so fähigen Chefkoch an ihrer Seite kamen sie super voran – genau wie bei der Arbeit.

„Ja, das sieht sehr gut aus!"

Es dauerte etwas mehr als eine Stunde, bis der Eimer schließlich mit der fertig gemischten Puddingmasse befüllt werden konnte.

„Das ist echt ein Riesenpudding."

„Ein richtiger Hingucker! Ich bin begeistert!"

Mizuro und Hanbe betrachteten den Inhalt des Eimers hoffnungsvoll. Ob die flüssige Masse wirklich zu einem richtigen Pudding werden würde?

Vorsichtig stellte Haise den Eimer in den Kühlschrank.

„Jetzt hab ich Lust bekommen, für mein Team auch noch welchen anzurühren!" freute sich Haise. „Es macht Spaß, stinknormale Gerichte in rauen Mengen zuzubereiten, oder?"

Mizuro stimmte zu.

„Hoffentlich klappt's mit dem Stürzen."

Dass ihnen der wohl schwierigste Arbeitsschritt noch bevorstand, brachte Mizuro ins Grübeln. Wenn es missglückte, wäre alle Mühe umsonst gewesen.

„Ich trau mich das nicht", murmelte er.

„Wenn du den Pudding mit etwas Fingerspitzengefühl auf einen großen Teller kippst, sollte es kein Problem sein. Aber wir warten erst mal, bis er fest ist."

Haise schätzte, dass es einen ganzen Tag dauern würde, bis ein Pudding dieser Größe die gewünschte Konsistenz erreicht hatte. Mizuro sollte übermorgen in der Mittagspause vorbeikommen, dann hätte Juzo pünktlich zur Kaffeepause einen eimergroßen Pudding auf dem Tisch.

„Okay, Haise, dann vertrauen wir dir den Pudding zur Verwahrung an."

„Macht euch keine Sorgen. Ich bin sicher, dass er Juzo gefallen wird."

## III

Endlich war der Tag gekommen, an dem der Pudding abgeholt werden sollte.

Kurz vor Einbruch der Dunkelheit lief Mizuro zum Château. Eigentlich hatte er ihn schon in der Mittagspause holen wollen. Da sein Team jedoch an diesem Tag das Versteck einer Ghulorganisation ausfindig gemacht hatte, war keine Zeit dafür geblieben.

Es hatte sich um ein stillgelegtes Industriegelände am Hafen gehandelt. Dutzende Ghule hatten sich dort versteckt und regelmäßig konspirative Versammlungen abgehalten. Ihr fünfköpfiges Ermittlerteam war da klar in der Minderheit gewesen.

„Jungs, wir schaffen das!"

Trotzdem hatte Team Suzuya ohne zu zögern den Unterschlupf gestürmt und alle anwesenden Ghule vernichtet. Juzo hatte sofort bemerkt, dass einige der Ghule, die er dort vermutet hatte, fehlten.

Daher hatte er beschlossen, mit seinen Leuten auf die Rückkehr der Fehlenden zu warten, von denen die meisten nach einigen Stunden tatsächlich aufgetaucht und ebenfalls vernichtend geschlagen worden waren.

„Zwei Ghule fehlen noch. Vielleicht haben sie mitbekommen, was hier los war? Aber lasst uns nach Hause gehen. Wir schicken ein anderes Team zur Observation hierher."

Als sie im Büro angekommen waren, ging die Sonne bereits allmählich unter. Sie hatten noch ihre Ermittlungsberichte zu schreiben und da bei dem Einsatz so viele Ghule involviert gewesen waren, würde die Arbeit wohl bis Mitternacht dauern.

„Habt ihr nicht auch langsam Hunger? Lasst uns 'ne Stunde Pause machen."

„Jawohl", hatte Keijin geantwortet und Mizuro den Befehl erteilt, schnell den Pudding zu holen.

Das Fußvolk, dem Mizuro angehörte, genoss selbstverständlich nicht das Privileg, Pause zu machen. Also war er zügig losgerannt, um den Pudding zu holen.

„Entschuldigung?"

Mizuro klingelte an der Tür des Châteaus, doch zunächst reagierte niemand. Haise war wie verabredet zur Mittagszeit zu Hause gewesen, um den Pudding überreichen zu können, doch jetzt am Abend hatte er vermutlich wieder dienstlich zu tun.

Mizuro drückte die Klingel erneut und hörte leise Schritte. Nach dem dritten Versuch öffnete sich die Tür.

„Guten Abend."

Es war Saiko Yonebayashi.

„Öhm, ist Herr Sasaki zu Hause?"

„Nein, aber ich weiß Bescheid. Kommen Sie rein."

Saiko ließ den Gast hinein. Mizuro zog die Schuhe aus.

„Mama meinte, der Pudding ist für Sie vorbereitet. Gehen Sie durch in die Küche."

*Mama? Meint sie damit Haise?*

Mizuro wollte sie gerade fragen, doch sie kam ihm zuvor: „Das werden Sie schon finden, also viel Spaß", sagte sie und ging die Treppe rauf.

Mizuro betrat die Essküche und öffnete den Kühlschrank. Der große Eimer war nicht zu übersehen. Die Oberfläche des Puddings zitterte leicht.

„Krass!"

Mizuro holte den Pudding heraus und stellte ihn auf die Arbeitsplatte. Er rüttelte den Eimer und beobachtete, wie der Pudding wackelte.

„Echt gelungen! Aber … wie soll ich den sicher ins Büro transportieren?"

Mizuro schaute sich um und überlegte, wie er die Oberfläche abdecken könnte. Im Küchenregal standen Gewürze, auf dem Esstisch eine Einkaufstasche, sicher voller Lebensmittel. Trotz all der harten Arbeit kochte Haise wohl sehr gern und viel für seine Kollegen.

Auf dem Boden im Wohnzimmer lag eine Spielkonsole. Mizuro hätte nur zu gern gewusst, was die hier wohl so spielten, doch er musste sich auf den Pudding konzentrieren.

„Oh, Frischhaltefolie! Wird schon niemand was dagegen haben, wenn ich mir was davon nehme."

Er deckte den Eimer mit der Folie ab und verließ das Château. In der rechten Hand trug er einen Quinke-Koffer, in der linken einen Eimer voll Karamellpudding.

Zwar musste er sich etwas beeilen, doch durfte dem Pudding unter keinen Umständen etwas passieren. Deshalb überlegte er, ein Taxi zu nehmen.

„So ein Riesending."

Der Eimer war richtig schwer. So ein großer Pudding war eigentlich etwas, worüber sich Kinder freuen würden, aber manche Dinge bereiteten genau deshalb auch Erwachsenen Freude.

„Spaß muss sein", triumphierte Mizuro vor sich hin.

Hoffentlich konnte er Juzo damit aufmuntern. Wie seine Kollegen war auch Mizuro froh, dass er unter Juzo arbeiten durfte. Von ihm konnte man unglaublich viel lernen und sich kontinuierlich weiterentwickeln. Das war ja auch der Grund, warum Mizuro seinem Vorgesetzten unbedingt einen Gefallen tun wollte. Jene Zeit, in der Juzo so viel Leid hatte ertragen müssen, sollte endlich vorbei sein.

„Ich muss im Büro sein, bevor die Pause rum ist!"

Der Pudding sollte der perfekte Nachtisch werden. Mizuro hielt Ausschau nach einem Taxi.

„…!"

Auf einer Allee, die übersät war mit herabgefallenen gelben Blättern, hielt er inne. Unter den Passanten befand sich ein Mann, der Mizuro bekannt vorkam. Nein, kein Mensch … ein Ghul!

Es war einer der beiden, die ihnen heute durch die Lappen gegangen waren. Mizuro beobachtete ihn möglichst unauffällig. Aus einem gewöhnlichen jungen Mann, wie man ihn alle Tage auf der Straße sieht, wurde plötzlich ein scharfsinniger Ermittler, was von dem Ghul offenbar nicht unbemerkt blieb. Intuitiv versteckte sich Mizuro hinter dem nächstbesten Gebäude. Der Pudding im Eimer bebte.

Nachdem er kurz stehen geblieben war, setzte der Ghul seinen Weg fort. Zweifelsfrei befürchtete er, verfolgt zu werden, hatte aber wohl nicht gemerkt, dass Mizuro ihm tatsächlich nachstellte.

Mizuro sah, dass er ein großes Gepäckstück trug, und vermutete, dass er den Bahnhof ansteuerte.

Sicher hatte der Ghul von der Razzia erfahren und da er so viel Gepäck mit sich führte, war er vermutlich auf der Flucht. Mit einigem Abstand lief Mizuro ihm nach und informierte per Handy seine Truppe. Die Antwort kam prompt: „Erledige ihn." Kurz und bündig.

Glücklicherweise bog der Ghul just in diesem Moment in eine menschenleere Gasse ein und blieb schließlich vor einem Gebäude stehen. Mizuro stellte den Eimer ab und stürmte auf ihn los.

„…!"

Er drückte den Knopf seines Koffers und eine Schwanzquinke erschien: „Beef", geformt wie ein Samuraischwert. Mit der Quinke in der Hand und angespanntem Kiefer sprang Mizuro auf den Ghul zu.

„Aaaaargh!"

Dieser war so überrascht, dass er nicht mal mehr seine Krallen ausfahren konnte. Mizuros Quinke zerschmetterte die Schulter des Ghuls und drang in sein Herz.

„Hnf!"

Mizuro zog die Quinke wieder raus und stach ihm in den Hals.

„Ack!"

Der Ghul spuckte Blut und kollabierte kurz darauf.

*Geschafft*, dachte Mizuro, doch im nächsten Moment spürte er eine unmittelbare Bedrohung hinter sich.

„Was hast du meinem Mann angetan?!“

Mizuro duckte sich gerade noch weg, als eine Kralle über seinem Kopf durchs Leere sauste und in eine Mauer krachte, sodass der Beton zersplitterte.

„Schuppenkrallen!“, entfuhr es ihm erschrocken.

Der von ihm getötete Ghul hatte wohl auf die Ghula gewartet, die letzte Hinterbliebene der Ghulgruppe aus dem Versteck.

„Stirb, du Bastard!“

Die wütende Ghula stürmte auf Mizuro los, doch er ließ sich nicht aus der Fassung bringen. Immerhin war er Träger des Abzeichens „Silberne Oliven“, hatte also in einem Jahr 50 Ghule erledigt.

„Ha!“

Mizuro stieß sich von der Wand ab, sprang über den Kopf der Ghula hinweg und bohrte seine Quinke in ihre Hüfte, genau dort, wo ihr Krallenspeicher saß.

„Aaaargh!“

Mizuro drehte die Klinge, zog sie wieder heraus und noch im selben Moment fielen ihre Schuppenkrallen, die ihn bereits anvisiert hatten, in sich zusammen.

„Verdammter Ermittler …“

Da sie nun erkannte, dass sie nicht gewinnen konnte, versuchte sie zu fliehen.

„Du entkommst mir nicht!“ Mizuro schoss ihr nach, holte im Nu auf und schlitzte ihr mit seiner Quinke den gesamten Oberkörper bis zum Hals auf.

„Oak!“

Der Körper der Ghula reckte sich ein letztes Mal empor und krachte dann zu Boden …

„Ah …! N… nein, stopp!!!“

Punktgenau auf den Eimer Pudding.

„Uwaaaaah!!!“

Der arme Pudding hatte keine Chance gehabt, sich vor der Ghula in Sicherheit zu bringen. Der Eimer zersprang und der Pudding war Matsch.

„Nein … Oh neiiiin …"

Fassungslos betrachtete Mizuro die Katastrophe. Aus dem Kampf gegen die Ghula war er als Sieger hervorgegangen, doch der Pudding war unwiederbringlich verloren.

„Aaaah …"

Er schlug die Hände vors Gesicht und sackte zusammen.

Kurz darauf trafen seine Kollegen am Ort des Geschehens ein.

„Mizuro, hast du's geschafft?", fragte Juzo.

Kalkweiß im Gesicht antwortete Mizuro: „Ich hab's getan …" Damit meinte er aber natürlich den Pudding.

„Mizuro, du siehst blass aus."

„Das ist die sogenannte Blauverschiebung."

„Aber verletzt hat er sich offenbar nicht."

So redeten Hanbe, Miyuki und Keijin auf ihn ein. Sie ahnten noch nicht, warum Mizuro seine Schultern dermaßen hängen ließ, obwohl sie die Ghule erfolgreich geschlagen hatten.

„Hm? Woher kommt dieser süßliche Geruch?", wunderte sich Juzo und schnupperte herum: „Pudding! Hier muss es irgendwo Pudding geben, und zwar 'ne ganze Menge!"

Keijin und den anderen dämmerte so langsam, was los war.

„V… Verzeihung!"

Mizuro verbeugte sich hektisch.

„Als ich ihr den Gnadenstoß gab, fiel sie genau auf den Pudding und …"

„Auf den Pudding?" Juzo legte den Kopf zur Seite. „Gab's viel Pudding?"

„Na ja, also einen, aber ziemlich …"

„…?"

Mizuro wusste nicht, wie viel er preisgeben durfte, und schaute hilfesuchend zu Keijin. Der seufzte.

„Herr Suzuya, also … Wir haben für Sie zum Nachtisch einen Pudding organisiert und …"

Als er gerade anfangen wollte, alles zu erklären, kam jemand angerannt.

„Hey, Mizuro! Hier steckst du also!"

Es war Haise und er war ganz in Eile.

„Haise, du hier? Ah …!"

Juzo ging ihm entgegen und nahm ihm eine große Tasche ab.

„Oh, du weißt also schon von der Überraschung? Dann darf ich reden?"

Meinte Haise damit den Pudding? Aber der Pudding war doch zerstört … oder nicht?

Mizuro verstand nur Bahnhof. Währenddessen zog Juzo einen Eimer aus Haises Tasche.

„Hä?"

Es war ein Eimer voll Pudding.

„Wow, das sieht ja toll aus!“ Juzo war hin und weg von dem Pudding, der gut und gerne zehnmal größer war als ein herkömmlicher Pudding.

„Hä? Hää? Aber warum …?“

Völlig verdutzt starrte Mizuro auf den Eimer.

„Nachdem ihr gegangen wart, hab ich noch ’nen Pudding für mein Team gemacht.“

„Aber im Kühlschrank war nur einer …“

„Ja, genau. Den Pudding für euch hab ich in diese Kühltasche gepackt und auf den Tisch gestellt.“

Mizuro erinnerte sich an die Tasche auf dem Esstisch.

„Ich hab Saiko gesagt, dass sie dir die Tasche geben soll, aber das hat sie wohl vergessen.“

Als Haise von der Arbeit zurückgekommen war, hatte er gesehen, dass Mizuro den falschen Pudding mitgenommen hatte. Er war also extra hergekommen, um ihnen den richtigen Pudding zu geben.

Da kam auch schon die Leichentransport-Truppe, um die beiden nach Karamell duftenden Ghulleichen aufzusammeln.

„Dieser Karamellpudding ist eine Spezialanfertigung extra für dich, Juzo. Den kannst du dir nicht entgehen lassen!“ sagte Haise und lächelte.

„Ihr habt den Pudding gemacht?“, wandte sich Juzo an seine Kollegen, den Eimer immer noch in der Hand. „Dann muss ich ihn gleich essen!“

Zurück im CCG-Büro wurde sofort ein großer, flacher Teller organisiert.

Der Karamellpudding, den Mizuro gemeinsam mit seinen Kollegen liebevoll kreiert hatte, war gerettet. Doch der, den Haise für sein Team gemacht hatte, war futsch. Als Haise das erfahren hatte, war er schon etwas traurig gewesen, hatte Mizuro aber versichert, dass der Sieg über die Ghula selbstverständlich wichtiger gewesen sei. Mizuro hatte sich fest vorgenommen, sich noch einmal richtig für das Malheur zu entschuldigen, aber das hatte erst mal Zeit. Jetzt saßen sie alle am Tisch und freuten sich auf den riesigen Karamellpudding.

„Dann stürzen wir jetzt den Pudding …“, vermeldete Juzo und legte den flachen Teller auf den Eimer. Seine Augen glänzten. Mizuro schaute ihm gespannt zu.

„Ho!“

Hanbe drehte den Eimer um und stellte das Arrangement auf den Tisch. Doch der Karamellpudding klebte im Eimer fest und wollte sich nicht lösen. Vorsichtig rüttelte Hanbe daran.

„Er kommt nicht runter.“

„Ist kein leichter Gegner …“

„Hanbe, du schaffst das!“

Hanbe rüttelte geduldig am Eimer und irgendwann drang endlich Luft zwischen Eimerwand und Puddingmasse.

Mit einem seltsam schmatzenden Geräusch landete der Pudding auf dem Teller.

„Oh …“

„Genau so ist der Urknall abgelaufen.“

Interessiert begutachteten sowohl Keijin als auch Miyuki, der in Gedanken unentwegt im Orbit schwebte, den Karamellpudding.

„Und jetzt …“

Hanbe hob langsam den Eimer hoch und darunter erschien der gelbe, wacklige Pudding, triefend vor Karamellsoße.

„Haa …!“

Am Ende zog Hanbe mit einem Schwung das letzte Stück des Eimers runter. Der riesige Karamellpudding, um einiges größer als ein Menschenkopf, präsentierte sich in majestätischer Gestalt.

„Ooooh!“

Mit beiden Händen hielt Juzo den Teller, wippte ihn vorsichtig vor und zurück und der Pudding darauf wackelte synchron zu seinen Bewegungen.

„Cool!“

Der Karamellpudding, befreit von seinem Korsett, blieb perfekt in Form. Er war einfach makellos.

„Er ist riesig, sieht aber trotzdem aus wie Pudding!“

„Großartig!"

„Der Pudding ist exakt so berechnet, dass er nicht unter seinem Eigengewicht zusammenbricht."

„Lasst ihn uns mit der zweiten kosmischen Geschwindigkeit vernichten!"

Den Pudding betrachtend hatte jeder seine eigene Art und Weise, seine Freude darüber zum Ausdruck zu bringen.

„Herr Suzuya, schneiden Sie ihn an?"

Hanbe überreichte Juzo einen Löffel. Juzo drückte damit einige Male auf den Pudding und stach ihn schließlich an. Als er einen Mundvoll nahm, schmolz der weiche Karamellpudding regelrecht auf seiner Zunge.

„Lecker!", sagte er und aß euphorisch weiter. „Ihr müsst auch probieren!"

Jetzt nahm sich auch Mizuro einen Löffel.

„Ich hab seit heute Morgen nichts gegessen!", sagte er und schob sich einen großen Happen in den Mund. Der milde, süße Geschmack des Puddings legte sich an seinen Gaumen. Die meisten Gerichte schmeckten nicht so gut, wenn man sie in großen Mengen zubereitete, dieser Pudding war aber einfach eine Delikatesse.

Um für Abwechslung zu sorgen, hatte Haise ihnen obendrein Schlagsahne und geschnittenes Obst in die Kühltasche gepackt.

Die fünf Männer aßen, bis der Teller leer war.

„Puh, bin ich satt", stöhnte Juzo und strich sich über den Bauch. „Warum habt ihr überhaupt so einen riesigen Karamellpudding gemacht?"

Mizuro kratzte sich am Kopf. *Wegen Big Madam*, doch das konnte er nicht ansprechen. Also sagte er: „Weil's Spaß macht!"

Diese Antwort schien sowohl Juzo als auch Keijin und Miyuki zu überzeugen. Mit großen Augen blinzelnd stimmte Juzo zu: „In der Tat, allein das Essen war schon lustig!"

Einige Tage später saß Juzo auf dem Stuhl eines Krankenzimmers und schaukelte mit den Beinen.

„Wissen Sie, der Karamellpudding war riesengroß! Größer als mein Kopf. Und er wackelte so putzig!"

Auf dem Tisch am Fenster stand ein Blumenstrauß. Im Bett lag ein Mann mit geschlossenen Augen, Juzos Vorgesetzter Yukinori Shinohara. Der unbeugsame Shinohara schlief seit vielen Jahren.

„Wir haben den Pudding alle zusammen gegessen. Jeder von uns erinnert sich an den Geschmack, das ist ein lustiges Gefühl. Ich sage, wie lecker der Pudding gestern war, und alle antworten: ‚Ja, der hat richtig gut geschmeckt!'"

Als Juzo fertig erzählt hatte, lauschte er Shinoharas Atem. Er lebte, auch wenn er seine Augen nicht öffnete.

Er war jemand, der Juzo viele Dinge beigebracht hatte.

Jemand, der Juzo wie seinen eigenen Sohn behandelt hatte.

„Herr Shinohara …"

Irgendwann einmal hatte Shinohara erzählt, dass sich sein Vorgesetzter Iba so über Shinoharas Verdienste gefreut hatte, als wäre es seine eigene Karriere. Auch Shinohara hatte Juzo oft gelobt und sich über seine Erfolge gefreut. Er hatte ihn stets geduldig unterstützt und gefördert.

Damals kannte Juzo Shinoharas Gefühle nicht, aber …

Juzo lächelte ihn an.

„Herr Shinohara", flüsterte er ihm ins Ohr, „ich fühle gerade genauso wie Sie."

TOKYO GHOUL

# #004
# [ resonanz ]

rë

LIGHT NOVEL
suche

# I

In ihrer Erinnerung war er schon immer ein anstrengender Typ gewesen. Es hatte eine Phase gegeben, in der er richtig guter Dinge gewesen war, aber er konnte auch zutiefst depressiv sein. Die folgende Episode hatte sich zu einer Zeit ereignet, als er zwar grundsätzlich fröhlich war, aber dennoch sehr anstrengend.

„Los, mach mal ein Foto von mir!"

„Nee, mach ich nicht."

Das Gespräch dauerte keine drei Sekunden. Durch die großen Fenster des Cafés konnte man die Passanten auf der Einkaufsstraße beobachten.

Chie Hori, die gerade einen Eisbecher mit reichlich Früchten verspeiste, lehnte schonungslos ab. Sie war Studentin, sah aber eher wie eine Grundschülerin aus. Für so ein schickes Café war sie auf jeden Fall ein ungewöhnlicher Gast. Chie war an der Uni immatrikuliert, ging aber selten mal zu einer Vorlesung. Meistens war sie mit ihrer Kamera auf der Jagd nach interessanten Motiven.

„Also dann."

„Chie, warte doch mal!"

Der, der sie aufhielt, war Shu Tsukiyama. Wenn er in der Stadt unterwegs war, wurde er ständig von den Scouts namhafter Modelagenturen angesprochen. Shu war ein hübscher junger Mann, sein Aussehen spielte für Chie allerdings überhaupt keine Rolle.

Aus seinem selbstsicheren Verhalten und auffälligen Äußeren würden Fremde niemals schließen, dass er der Ghul „Gourmet" war, hinter dem das CCG schon lange her war.

Shu und Chie waren seit der Oberschule befreundet. Schon damals hatte Chie einen Riecher für Kuriositäten gehabt. Sie hatte Shu nachspioniert, der auf dem Schulhof für viele ein Idol gewesen war, und schließlich hatte sie ihn ertappt, als er gerade dabei war, einen Menschen zu fressen. Das war der Anfang ihrer merkwürdigen Freundschaft.

Heute trafen sie sich, weil Shu eine besondere Bitte hatte. Chie hatte zwar wenig Lust darauf, war aber auch zu faul gewesen, sich glaubhafte Gründe für eine Absage auszudenken.

„Kleine Maus, warum bist du so kalt zu mir? Ich bin doch dein bester Freund! Seit der Schulzeit! Setz dich hin und bestell dir, was dein Herz begehrt."

„Mein bester Freund? Du behandelst mich wie 'n Schoßhund. Ähm, einen Pfannkuchen, bitte."

„Ha ha ha! Schön, dass du dir dessen bewusst bist. Verzeihung, Fräulein!" Mit schnippenden Fingern machte Shu eine Kellnerin auf sich aufmerksam. „Einen Pfannkuchen für die junge Dame hier!"

Nach der Bestellung kam er gleich zur Sache.

„Hör zu, Chie. Es geht ums Business."

„Business?", wiederholte Chie und schob mit dem Strohhalm die Eiswürfel am Boden ihres bereits leeren Glases umher.

„Ganz recht. Und zwar verbringe ich den kommenden Feiertag auf meinem Landsitz."

„Hm?" Chie neigte ihren Kopf zur Seite. „Willst du jetzt abhauen, weil du von Ken 'nen Korb bekommen hast?"

Shu, der immer auf der Suche nach dem ultimativen Geschmackserlebnis war, hatte sich seit einer Weile an die Fersen des einäugigen Halbghuls Ken Kaneki geheftet. Chie kannte Shu schon ziemlich lange, hatte aber noch nie gesehen, dass er mit so viel Geduld eine Beute verfolgte. Shu versuchte unermüdlich, Kens Vertrauen zu gewinnen, doch es sah nicht danach aus, als würde er bald eine Chance bekommen, von Ken zu kosten. Es war sogar wesentlich realistischer, dass Ken irgendwann Shu fressen würde.

Als Shu ihr nun erzählte, dass er verreisen wolle, vermutete sie, dass er aus Kens Versteck vertrieben worden war.

„Ha ha ha, natürlich nicht! Ich bin Kens Schwert. Und auch wenn ich nicht bei ihm bin, mein Herz wird es immer sein!"

„Du wirst ausgebootet, obwohl du für ihn und seine Freunde ein Haus besorgt hast, stimmt's?"

„Ach, Quatsch! Ich halte mich bloß zurück, weil er sich nicht entspannen kann, solange sein Patron ununterbrochen an ihm klebt. Wie du weißt, bin ich ein Gentleman."

„Ich geh jetzt nach Hause. Dein Gelaber ist mir echt zu langweilig."

„Jetzt warte doch mal! Sei nicht so ungeduldig. Hast du nicht Lust auf einen Nachmittagstee?"

„Orangensaft wär mir lieber."

Shu räusperte sich.

„Also, zu den anstehenden Feierlichkeiten findet auf meinem Landsitz eine Gartenparty statt und ich werde eine Rede halten. Da wollte ich dich bitten, ein paar Fotos zu machen."

„Aha …"

Shu stammte aus einer aristokratischen Familie. Sein Vater leitete den Tsukiyama-Konzern, dessen Namen jeder schon mal irgendwo gehört hatte.

„Nun ja … ich möchte den Mitarbeitern unseres Hauses meinen Dank aussprechen. Die Fotos brauche ich zum Andenken an die Veranstaltung."

Die Familie Tsukiyama beschäftigte nicht nur viele Mitarbeiter in ihren diversen Unternehmen, sondern hatte auch etliche Bedienstete im Privatbereich.

„Ach, wie lieb", murmelte Chie vor sich hin, während sie ihren Pfannkuchen mampfte. Shu handelte oft egoistisch, zeigte sich gegenüber seiner Familie und seinen Freunden aber durchaus rücksichtsvoll und fürsorglich.

„Und natürlich bezahle ich dir ein fürstliches Honorar! Chie, du nimmst den Auftrag doch an, oder?"

„Viel zu anstrengend", stöhnte sie.

„Hääá?!"

„Ich hab keinen Bock auf so was."

Chie fotografierte für gewöhnlich aus einer Laune heraus. Mal machte sie künstlerisch anspruchsvolle Fotos, mal dokumentierte sie nur belangloses Zeug. Mal nahm sie Aufträge wegen des Geldes an, mal nur aus Liebhaberei.

Momentan hatte sie wenig Lust, für Geld zu fotografieren. Shu wusste ganz genau, dass eine Drohung bei Chie nichts brachte.

„Hmm …"

Wie konnte er sie überzeugen? Chies Orangensaft war schon wieder fast alle. Der Countdown lief.

„Ah! Chie, interessierst du dich für Blumen?"

„Blumen?"

„Ja, genau! Unser Landgut verfügt über verschiedene Blumengärten! Sie sind wirklich wunderschön angelegt und überall duftet es herrlich! Es ist wie im Paradies!" Überschwängliche Gesten machend schwadronierte er, wie toll das Anwesen war. „Da gibt's auch seltene Blumen! Und unser Rosengarten ist ganz besonders schön. Unsere Gartenparty findet immer zur Blütezeit der Rosen statt. Der Besuch lohnt sich auf jeden Fall!"

Chie stach die Gabel in das letzte Stückchen Pfannkuchen und willigte schließlich ein: „Okay, ich mach's."

„Nein! Chie! Sei bitte nicht so dickköpfi… Was? Was hast du gesagt?" Ihre plötzliche Meinungsänderung kam mit etwas Verzögerung bei Shu an.

„Ich hab gesagt, dass ich den Auftrag annehme."

„Warum sagst du plötzlich Ja?“, wunderte sich Shu. Er hatte nicht wirklich geglaubt, dass sie die Blumen ködern konnten.

„Solche Blumenbilder wollte ich schon immer mal für mein Archiv haben. Die Rosen dort sind sicher beeindruckend.“

Chie kannte den wunderbar gepflegten Rosengarten der Villa der Tsukiyamas. Der Garten des Landhauses war womöglich noch luxuriöser und schöner. Nach und nach überwog ihre Neugier.

*Vielleicht entdecke ich dort was Originelles …*

„Aber die Teilnehmer sind Ghule, stimmt's? Werde ich nicht von denen gefressen?“

Rein äußerlich war der Unterschied zwar kaum feststellbar, aber Chie war ein Mensch und Shu war ein Ghul. Als Fotografin war der Tod eine sie stets begleitende Gefahr. Das hieß aber nicht, dass sie lebensmüde war. Sie lebte, als wäre jeder Tag der letzte, wollte aber natürlich nicht vollkommen umsonst sterben.

„Keine Sorge. Ich sage meinen Mitarbeitern Bescheid und wir bereiten alles so vor, dass unsere Gäste nicht merken werden, dass du ein Mensch bist.“

„Okay. Und wenn ich doch gefressen werde, hab ich eben Pech. Keiner weiß, was morgen ist.“

Chie streckte sich und stand auf.

„Okay. Dann sehen wir uns also bei deinem Gartenfest. Bezahlst du meine Gage im Voraus? Auf das gleiche Konto wie immer.“

„Gut, mache ich. Aber dafür erwarte ich tolle Bilder! Ich hoffe, es gelingt dir, mich perfekt zu porträtieren!“

„Dich perfekt zu porträtieren … Okay …“, wiederholte sie seine Worte und ließ ihn die Rechnung begleichen.

# II

„Oha, das sieht aber wirklich toll aus!“

Am Tag des Gartenfests war das Honorar auf Chies Konto eingegangen und sie hatte sich auf den Weg zu Shus Landsitz gemacht, der an einem See lag.

Hinter einem dicken Eisentor verbarg sich eine Villa im europäischen Stil mit üppigen Blumengärten, eingefriedet von einer Ziegelmauer und einem imposanten Zaun. Es sah aus wie ein mittelalterliches Schloss.

Chie mied den Haupteingang und klingelte lieber an der Hintertür. Es dauerte einen Moment, doch dann machte jemand auf.

„Kannst du deine Uhr nicht lesen?! Kleine Ratte, du bist zu spät!“, echauffierte sich Shus Diener, Kanae von Rosewald. Offiziell arbeitete er für die Familie Tsukiyama, doch eigentlich war er mit ihnen verwandt. Manchen war bereits aufgefallen, dass Kanae und Shu äußerlich einige Gemeinsamkeiten hatten. Und dass Shu sogar seine beste Freundin Chie in seine Obhut gab, zeigte schon, wie sehr er Kanae vertraute.

„Immerhin bin ich da."

„Kleine Ratte, ist dir bewusst, wo du bist?"

„Auf Shus Landsitz."

„Richtig! Nicht gerade der Ort, zu dem ungehobelte Menschen wie du normalerweise Zutritt bekommen. Wie kannst du dich nur so rotzfrech verspäten?!"

Kanae legte eine dicht von Stacheln umrahmte Rose an Chies Wange. Er konnte sie noch nie leiden.

„Wenn ich will, kann ich dir jederzeit den Kopf abschlagen! So einfach, wie ich diese Rose knicke!"

„Ich weiß, dass du das kannst. Aber Shu hat mich nicht hergebeten, damit du mich umbringst, oder?"

„…!"

Zähneknirsched wandte er Chie den Rücken zu.

„Halt den Mund und komm mit, Wanderratte."

Chie folgte Kanae, und sie betraten ein kleines Zimmer.

„Oha!"

Neugierig betrachtete sie den Kronleuchter und die edlen Möbel.

„Zieh dich um."

Kanae warf ihr Klamotten hin, die er für sie vorbereitet hatte.

„Eine Dienstmädchenuniform?"

„Die riecht genauso wie wir, sodass sich unsere Gäste nicht von deinem unangenehmen Geruch gestört fühlen."

„Verstehe …“

Chie breitete das Gewand aus. Es war ein elegantes Dienstmädchenkleid, wie Chie es sonst nie tragen würde. Sie fühlte die hochwertigen Stoffe, die darin verarbeitet waren.

„Darf ich es denn auch schmutzig machen?“

Für eine gute Fotoaufnahme zögerte sie nicht, sich auf den Boden zu legen oder durch Schlamm zu waten. Dieses Kleid konnte dabei schnell kaputt gehen.

„Glaubst du ernsthaft, dass ich deine Schmutzwäsche wasche?“

Nach dem Tragen würde das Kleid wohl weggeworfen werden.

„Beeil dich gefälligst“, befahl Kanae und verließ den Raum. Schon bei ihrer ersten Begegnung war er so streng zur ihr gewesen.

„Er hat’s nicht leicht …“

Chie legte die Kamera auf einen Beistelltisch und zog das Kleid über. Es passte wie angegossen. Als sie es gerade ein wenig zurechtzupfte und versuchte, sich daran zu gewöhnen, klopfte es an der Tür.

„Ja, bitte."

„Hallo, Chie! Schön, dass du gekommen bist!"

Vor der Tür standen Shu, Kanae und eine rehäugige Dame, die, wahrscheinlich aufgrund ihrer Ausstrahlung, einen überaus intelligenten Eindruck machte.

„Ah! Hallo, Frau Matsumae!"

„Hey, Chie! Ignorier mich nicht!"

Chie kannte Matsumae, weil sie früher zu Shus und Chies Zeiten auf der Seinan-Oberschule als Lehrerin tätig gewesen war. Wahrscheinlich hatte sie dort gearbeitet, um Shu in der Schule zu unterstützen. Im Nachhinein vermutete Chie, dass Shus Familie einen großen Einfluss auf diese Schule ausgeübt hatte.

Matsumae blieb hinter Shu stehen, ohne auf Chies Gruß zu reagieren. Auch für sie war Chie ein ungebetener Gast, doch aus Respekt vor Shu vermied sie es, sich diesbezüglich zu äußern.

„Jaja, sorry. Ich habe mein Wort gehalten, hier bin ich", bestätigte Chie. Matsumae rang sich zu einem kaum wahrnehmbaren Kopfnicken durch.

„Hmm, die Uniform scheint dir zu passen. So was Elegantes solltest du häufiger tragen! Kleider machen Leute!"

Während Shu ihr schmeichelte, krempelte Chie die Ärmel hoch.

„Hey, was machst du da?! So geht das nicht!"

„Ich bin hier, um zu arbeiten. Ich muss schön beweglich sein. Oder willst du keine Fotos?“

Chie nahm ihre Kamera in die Hand und hing sie sich um den Hals. Kanae, der hinter Shu stand, warf ihr einen scharfen Blick zu. Für einen so loyalen Diener wie Kanae war Chies Gebaren unverzeihlich.

„Und?“, fragte Chie, ohne Kanae zu beachten. „Wo soll ich fotografieren?“

„Ach, du, Chie …“ Shu schüttelte den Kopf. „Nun gut, bevor wir über deinen Job reden, würde ich dir gern das Haus zeigen.“

Shu schickte Kanae und Matsumae fort und führte Chie durch verschiedene Räume.

„Wir besitzen mehrere Landhäuser, das ist nur eines davon. Wie du sicher gesehen hast, wurde es aus rotem Backstein gebaut. Im Winter ist es warm und im Sommer angenehm kühl temperiert. Die kalten Tage verbringen wir am Kamin. Wenn ich hier bin, fühle ich mich wie in Andersens Märchenkosmos.“

„Na ja. Du bist ja selber irgendwie eine Art Märchenfigur.“

„Merci!“

„Das war nicht als Kompliment gemeint.“

Während die beiden über den Flur schlenderten, erklärte Shu: „Im Keller haben wir viele alte Weine und eine Reife- und eine Räucherkammer gibt’s auch. In der Küche zaubert unser Koch die leckersten Speisen. Diesem Umfeld und dieser grandiosen kulinarischen Erziehung ist es zu verdanken, dass ich mich heute ‚Gourmet' nennen kann."

Wenn Shu ein Mensch wäre, hätte sie seine Story für nichts als banale Angeberei gehalten. Doch das hier war der Landsitz eines Ghuls. Die Weine, die hier lagerten, waren aus Menschenblut und in der Räucherkammer hingen Leichen.

Genau deshalb konnten Menschen nicht mit Ghulen zusammenleben. Ghule ernährten sich von Menschen – wie der Panda Bambusgras und der Koala Eukalyptus fraß.

Ghule waren die natürlichen Feinde der Menschheit, wobei sich auch Menschen exzessiv von anderen Lebewesen ernährten – bis hin zur Ausrottung ganzer Arten. Ja, vielleicht waren Menschen sogar grausamer als Ghule.

„Schade, dass du sie nicht essen kannst", bedauerte Shu.

„Da ess ich lieber einen Eisbecher", gab Chie zurück.

„Schau mal, das ist das Foyer."

Hinter einem langen Flur tat sich eine Eingangshalle auf, von deren imposanter Decke ein luxuriöser Kronleuchter hing. Kein Vergleich zu der Beleuchtung, die sich ihr vorhin im Ankleidezimmer geboten hatte.

„Ich seh schon, ihr seid verdammt reich", stellte Chie fest und betrachtete den Kronleuchter durch die Linse der Kamera. Er war aus Opalglas gefertigt und seine Lämpchen waren mit Ornamenten von Blumen, Vögeln und Schmetterlingen geschmückt. Er wirkte wie ein Exponat aus einem Museum.

„Mein Großvater hat diesen Kronleuchter seinerzeit in Venedig gekauft. Wie ich hörte, muss er sehr wertvoll sein. Hier gibt es so einige Schätze, die mein Großvater im Ausland erworben hat. Eigentlich war es von Anfang an der Zweck dieses Landhauses, seine Sammlungen aufzubewahren."

„Aha."

„Eine Normalsterbliche wie du erhält normalerweise keine Gelegenheit, diese Kollektion zu sehen. Schau sie dir also gut an."

Chie nahm ihre Kamera aus dem Gesicht und fixierte den Kronleuchter über ihrem Kopf erneut.

„Jetzt zeige ich dir unseren Rosengarten."

Ein Schmetterling flog an Chie vorbei, als sie ins Freie trat. Der Rasen zu ihren Füßen war kurz geschoren und die Vögel zwitscherten.

„Das ist er."

Hinter einem Rosenbogen folgte eine schmaler, mit Ziegelsteinen gepflasterter Weg. Links wie rechts von ihm blühten die verschiedensten Arten von Rosen, manche mit spitzen Blütenblättern, manche so rund wie Bälle.

„Oha!" Jetzt war Chie klar, warum Shu so stolz auf seinen Garten war.

Sie betrachtete die Rosensträucher, die mit einem Gartenzaun verflochten waren. Die üppigen, rosafarbenen Blüten verströmten einen süßlichen Geruch.

„Diese Rose nennt sich Fantin Latour."

„Fantin Latour?"

„Ja, eine der klassischen Rosensorten. Sie ist nach dem französischen Maler Henri Fantin-Latour benannt. Seine Zeitgenossen waren der Ansicht, dass niemand besser Rosen malen konnte als er."

Wenn's um Blumen ging, war Shu ein wandelndes Lexikon.

„So ein Garten macht sicher viel Arbeit."

„Sag mal, hörst du mir überhaupt zu? Na ja, du hast schon recht. Ohne Liebe und Hingabe bekommen Rosengewächse keine schönen Blüten."

Chie visierte eine der Rosen mit ihrer Kamera an, betätigte den Auslöser jedoch nicht.

„Willst du sie nicht fotografieren?"

„Jetzt noch nicht. Ach, sag mal, wo wirst du deine Rede eigentlich halten? Ich würde vorher gern sehen, wo du stehst."

„Hmm, na gut. Schön, dass du so professionell an die Sache rangehst."

Shu und Chie gingen den schmalen Weg entlang und erreichten einen Platz, der von Rosenstämmchen umrahmt war. In der Mitte stand ein Kuppelpavillon mit altgriechischen Säulen, an denen sich Kletterrosen emporrankten.

Hier sollte das Fest stattfinden. Chie beobachtete, wie die Bediensteten ihren Aufgaben nachgingen. Ein Dienstmädchen und ein junger Mann in Hemd und gestreifter Weste breiteten gemeinsam ein weißes Tuch über einem Tisch aus. Als sie Shu kommen sahen, verneigten sie sich höflich.

„Alisa, Yuma, lasst euch nicht stören."

Die beiden verbeugten sich noch einmal, glätteten die Tischdecke und wechselten zum nächsten Tisch. Shu schaute den beiden zu und lächelte sanft.

„Chie, was hältst du von den beiden?", fragte er.

Chie betrachtete sie und befand: „Sie wirken sehr vertraut miteinander."

*Wären sie bloß Kollegen, würden sie mehr Abstand halten*, überlegte sie.

„Ha ha ha! Also hast du es auch gemerkt."

Alisa, die Yuma regelrecht anhimmelte, machte einen sehr vergnügten Eindruck und Yuma schien ihre Gefühle zu erwidern.

Auch Ghule verliebten sich und pflanzten sich fort, selbst wenn die Menschheit das nicht wahrhaben wollte.

Shu sah zu Kanae, der unter dem Pavillon stehend seinen Kollegen Anweisungen erteilte.

„Kanae ist ein fleißiger, überaus fähiger Mitarbeiter. Er ist mir eine große Hilfe."

Kanaes Augen verengten sich zu hasserfüllten Schlitzen, als er Chies Anwesenheit bemerkte, während er den Mitarbeitern jedoch ein guter Vorgesetzter zu sein schien.

„Er hat seine komplette Familie verloren, als er noch klein war. Das hat ihm sein Leben lang sicher viele schlaflose Nächte beschert“, seufzte Shu mitfühlend. „Ich will, dass alle Leute in diesem Haus glücklich sein können.“

Möglichst unauffällig spähte Chie hinter sich. Dort stand ein Mann, wohl ein Butler des Hauses, der ihnen die ganze Zeit wie ein Leibwächter gefolgt war und wohl aufpasste, dass Chie seinem Herrn nichts antat. Seit sie den Landsitz betreten hatte, spürte sie die durchbohrenden Blicke der Mitarbeiter. Das war zwar nicht besonders angenehm, doch sie wusste, dass es die Bewunderung aller für Shu

war, die seine Mitarbeiter dazu veranlasste, einem Mädchen wie Chie zu misstrauen.

„Hmm …"

Chie strich mit dem Finger über den Auslöser.

Shus Rede sollte unter dem Pavillon gehalten werden. Eigentlich wollte er Chie noch mehr zeigen, doch sein Butler Mairo wies ihn darauf hin, dass es noch einiges zu besprechen gab.

„Bis zum Beginn der Feier kannst du dich hier frei bewegen, aber geh nicht in den Garten, solange dort noch gearbeitet wird", bat Shu und verabschiedete sich.

Endlich konnte Chie das Gelände auf eigene Faust erkunden. Sie lief um den Pavillon herum und überlegte, aus welcher Perspektive sie Shu am besten fotografieren konnte.

„Shu steht dort, also …"

Da entdeckte sie eine Zierkastanie, die ihr geeignet erschien. Sie kletterte auf den Baum und nahm den Pavillon ins Visier.

„Ja, das sieht gut aus."

Sie war als Fotografin hier und wollte ihren Job ordentlich erledigen. Den Auslöser drückte sie aber noch nicht.

„Gut, dann geh ich jetzt erst mal spazieren", sagte sie zu sich und sprang vom Baum.

Ganz in der Nähe plätscherte ein Bach. Unter einer Brücke, die über einen Teich führte, schwammen zwei Schwäne. Die Sitzbänke am Teich hatten ein exotisches Design und die Blumen dort – besonders die Hortensien – waren wunderschön.

Shu hatte es ganz richtig beschrieben: der Garten glich einer Märchenwelt. In Anbetracht dieser Landschaft hätte sicherlich niemand widerstehen können, ein paar Fotos zu knipsen.

Chie aber hielt sich zurück.

Sie legte sich in einen Liegestuhl am Pool und schaute durch den Sucher in den Himmel. Sie entdeckte nichts, was sie unbedingt fotografieren wollte.

„Oh!"

Ein älterer Gärtner fiel ihr auf, der mit einer Baumschere die Sträucher beschnitt. Wahrscheinlich war auch er ein Ghul, der der Familie Tsukiyama seit vielen Jahren zu Diensten war.

„..."

Chie rappelte sich hoch und lief den Weg zurück, den sie gekommen war. Ihr Interesse galt weniger den Blumen als vielmehr den Angestellten in diesem Haus.

Alle arbeiteten fleißig, wirkten jedoch kein bisschen gestresst, sondern genossen ihre Tätigkeiten. Sie schienen sich allesamt gut zu verstehen, arbeiteten harmonisch und ohne hierarchischen Druck zusammen.

„Was glotzt du so, kleine Ratte?", fauchte Kanae sie an.

„Scheint, als hätten die Leute Spaß bei ihrer Arbeit."

„Verwende für das, was wir hier leisten, nicht so ein alltägliches Wort. Alle hier sind stolz, Teil des großen Ganzen zu sein."

„Ja, ich weiß." Dass Chie da anderer Meinung war, ließ sie sich lieber nicht anmerken.

„Du störst“, zischte er weiter. „Verzieh dich irgendwohin, wo wir dich nicht sehen.“

„Okay“, erwiderte Chie genervt und überlegte, wohin sie gehen konnte.

Doch plötzlich hielt Kanae sie zurück.

„Warte, du kleine Ratte!“

„Hm?“

„Du wolltest doch Blumen fotografieren, oder?“

„Ach ja, stimmt …“, antwortete Chie. Ihr Desinteresse war ihrer Stimme deutlich zu entnehmen. Sie hatte bislang noch überhaupt nichts fotografiert.

„Na, dann …“ Kanae runzelte die Stirn. „Hinter dem Pavillon befindet sich die Terrasse der roten Rosen.“

„Die Terrasse der roten Rosen?“

„Ein wunderschöner Gartentrakt mit Terrasse. Bleib einfach dort, bis die Feier anfängt.“ Mit diesem Satz widmete er sich wieder seiner Arbeit.

„Aha …“ Chie warf einen Blick hinter den Pavillon. „Dann gehe ich da mal hin. Danke.“

„Schon gut. Und jetzt hau endlich ab.“

Chie ging den schmalen Weg entlang. Anders als direkt um den Pavillon herum war es hier sehr still. Man hörte lediglich das Rauschen des Windes in den Kronen der Bäume.

Am Ende des Weges kam ein kleines Häuschen mit rotem Dach zum Vorschein, das mit hohen Hecken eingefriedet war.

„Und wie kommt man da rein?"

Sie entdeckte ein schmales Tor. Das musste der Eingang sein.

„Was hast du hier zu suchen?!"

Als Chie gerade im Begriff war, durch das Tor zu gehen, versperrte ihr jemand den Weg. Es war Yuma, der vorhin mit seiner Kollegin Alisa geturtelt hatte.

„Dacht' ich's mir doch", murmelte Chie. Sie hatte ganz genau gewusst, dass Kanae sie reingelegt hatte.

Sie überlegte kurz und beschloss, einfach zu gehen.

„Halt!", rief Yuma, packte Chie am Nacken und hob sie hoch, sodass ihre Beine in der Luft baumelten. „Werd bloß nicht frech, nur weil Shu so freundlich zu dir ist. Entweder du benimmst dich oder wir sperren dich bis zur Feier in irgendein Zimmer!"

Das hier verlief bestimmt genau nach Kanaes Plan.

„Kanae hat's einfach nicht leicht", sinnierte Chie vor sich hin.

Es war ein Graus für ihn, dass Shu mit Leuten von außen zu tun hatte. Er träumte davon, sein hochverehrter Herr könne in einer hermetisch abgeriegelten, paradiesischen Welt leben.

Kanae ahnte noch nicht, dass diese Wunschvorstellung irgendwann Risse bekommen und ihn mental zugrunde richten würde. Dabei wäre sein Leben viel leichter gewesen, wenn er seine Illusionen vergessen und Shus Lebensstil einfach akzeptiert hätte.

Ohne seinen Griff von Chies Nacken zu lösen, lief Yuma los.

Da öffnete sich das Tor und eine ruhige Stimme fragte: „Ist sie … eine Freundin von Shu?"

„Mirumo, mein Herr!“, schrie Yuma seinen Namen.

Der Mann, der Yuma so zusammenfahren ließ, trug einen Bart und eine runde Brille. Seine Ausstrahlung war zwar eine gänzlich andere, doch Chie spürte sofort, dass er und Shu blutsverwandt sein mussten. Dieser Mann war Shu noch weitaus ähnlicher als Kanae!

Yuma lockerte seine Finger und Chie, die nun endlich wieder festen Boden unter den Füßen hatte, musterte den Mann vor ihr.

„Du bist Chie, nicht wahr? Ich bin Shus Papa.“

„Guten Tag“, grüßte Chie ihn.

„Mein Sohn hat mir viel von dir erzählt. Du liebst es, zu fotografieren, richtig?“

Sie hatte natürlich keine Ahnung, was Shu seinem Vater erzählt hatte, aber so, wie es schien, hatten die beiden eine gute Beziehung.

Mirumo blickte auf Chies Kamera.

„Möchtest du den Garten sehen?“ Er hob seine Hand, um den sichtlich verwirrten Yuma zu beschwichtigen, und öffnete das Tor. „Du bist eine langjährige Freundin von Shu. Komm ruhig rein!“

„Wow!“ Voller Begeisterung bestaunte Chie den prächtigen Garten mit seinen roten Rosen.

Der Garten mit den verschiedenen Rosenbüschen, den Shu ihr gezeigt hatte, war auch wunderschön gewesen, aber dieser Garten übertraf alles.

Mirumo bat sie, am Tisch auf der Terrasse Platz zu nehmen. Sogleich erschien sein Butler und servierte eine Schale mit roten Kirschen.

Chie nahm eine Kirsche am Stiel hoch.

„Also habt ihr hier auch Essen für Menschen?“

„Ja, wir haben oft genug mit Menschen zu tun, ich arbeite mit einigen zusammen. Probier doch bitte die Kirschen, wenn du möchtest.“

Chie warf sich die Kirsche in den Mund. Sie war sehr saftig und süß.

„Als ich gehört habe, dass Shu eine menschliche Freundin hat, war ich überrascht. Für ihn existiert die gewohnte imaginäre Mauer zwischen Menschen und Ghulen wohl nicht“, sagte Mirumo, während er seinen Kaffee trank. Chie futterte noch ein paar Kirschen.

„Normale Freunde sind wir aber nicht gerade …“

„Chie, was hältst du von Shu?“

„Hmm …“

Chie hörte auf zu kauen und legte ihren Kopf zur Seite.

„Er ist sehr stolz. Und er ist verdammt eitel. Ich hab mich oft gefragt, wie er so geworden ist.“

Der Butler, der sich hinter Mirumo positioniert hatte, hob eine Augenbraue. Mirumo wartete geduldig auf ihre nächsten Worte.

„Aber jetzt weiß ich's.“

„Und was meinst du?“

„Jemand, der so viel Liebe von anderen Menschen, das heißt, von Ghulen bekommen hat wie Shu, muss natürlich vor Selbstvertrauen nur so strotzen“, schlussfolgerte Chie und griff nach der nächsten Kirsche, „denke ich.“

Auf diesem Landsitz war die Ehrfurcht, die Shu von den Mitarbeitern entgegengebracht wurde, allgegenwärtig.

„Sicher hatte er eine glückliche Kindheit“, fügte sie hinzu.

„Shu ist ein einfühlsamer, netter Junge“, erwiderte Mirumo. Chie war da anderer Ansicht, hörte sich aber schweigend an, was Mirumo zu sagen hatte.

„Irgendwann kommt der Tag, an dem er für unsere gesamte Unternehmensgruppe verantwortlich sein wird. Da werden mit Sicherheit auch schwierige Situationen auf ihn zukommen. Ich würde mich unheimlich freuen, wenn du ihn in harten Zeiten unterstützen könntest."

Mirumos Worte, der gepflegte Garten, der treue Butler der Familie Tsukiyama … alles, was Chie hier sah, war ein Beleg dafür, wie gesegnet Shus Leben war.

Vielen Ghulen wurde jede Chance auf Schulbildung verwehrt. Sie waren arm und begingen wiederholt Verbrechen, nicht weil sie sich nur von Menschen ernähren konnten, sondern weil sie nichts anderes kannten. Die Familie Tsukiyama, die in der Öffentlichkeit ein enormes Ansehen genoss und ein sorgloses Leben führen konnte, war eine absolute Ausnahme. Allein ihnen war es zu verdanken, dass auch ihre Angestellten als Teil der Gesellschaft akzeptiert wurden.

Die Familie Tsukiyama betrieb einen hohen Aufwand, um dieses Umfeld aufrechtzuerhalten. Shu war derjenige, der die ganze Verantwortung irgendwann übernehmen musste, obwohl sein merkwürdiges Verhalten – mit Chies Augen gesehen – nicht besonders verantwortungsbewusst wirkte.

„Ich hab keine besonderen Talente oder so", sagte Chie. „Und wenn er Hilfe braucht, hat er doch schon genug Freunde und Mitarbeiter, die ihn unterstützen."

Sie nahm die letzte Kirsche aus der Schale.

Doch Mirumo ließ sich von Chies abweisender Antwort nicht entmutigen: „Ich verlasse mich auf dich."

„Mh …"

Eigentlich legte sie keinen großen Wert auf Freunde. Aber für etwas, das ihr Interesse weckte, war sie gern bereit, ihr Leben zu riskieren.

„Okay."

Chie hielt sich ihre Kamera vors Gesicht, visierte Mirumo an und drückte – zum ersten Mal heute – auf den Auslöser.

„Für ein interessantes Motiv mach ich alles", sagte sie und hüpfte von ihrem Stuhl. „Danke für die leckeren Kirschen!"

Ganz anders als vorher, als sie ziellos umhergewandert war, sauste sie nun aus dem Haus, zurück zum Pavillon, nahm das fleißige Personal ins Visier und schoss ihre Fotos. Manche Mitarbeiter, die das bemerkten, guckten sie komisch an, doch Chie kümmerte sich nicht darum.

Auch Yuma, der Chie beharrlich nur Argwohn entgegenbrachte, wurde fotografiert, bevor er wusste, wie ihm geschah.

Der alte Gärtner, die Dienstmädchen, die Essen auftrugen, und so weiter – Chie fotografierte alle Bediensteten, die ihr vor die Linse kamen.

Dann lehnte sie sich gegen den Baum, den sie vorhin als Aufnahmeposition für Shus Rede gewählt hatte, und schaute sich die Ergebnisse an.

„Hm … hm …"

Da wurde ihr etwas klar. Sie blickte am Baum empor, murmelte: „Nicht hier …", und rannte los. Die Feier würde jeden Moment beginnen.

Die untergehende Sonne tauchte die Backsteinvilla der Familie Tsukiyama in goldenes Licht.

Nach und nach strömten die Gäste durch den Haupteingang. Der Rosengarten war mit Ghulgästen gefüllt, die den Anblick der Blumen genießen und mit den Tsukiyamas feiern wollten.

Auf den Tischen standen verschiedene dekorative Gerichte aus Menschenfleisch bereit. Wenn normale Menschen so etwas sähen, würden sie vor Ekel sofort umkippen.

Chie stand auf einem Balkon im zweiten Stock der Villa und schaute auf die Feier im Rosengarten hinunter. Gegenüber vom Balkon ragte die Zierkastanie, Chies ursprünglicher Aussichtspunkt, in den Himmel.

Vor dem Pavillon, inmitten der Gäste, stand Shu.

„Liebe Gäste! Herzlichen Dank, dass Sie heute zu unserer Veranstaltung ‚Rosen und Feinkost genießen' erschienen sind."

Jetzt erfuhr Chie das Konzept dieses Festes. Shu sprach so frei, flüssig und routiniert wie jemand, der von Kindesbeinen an gewohnt war, vor vielen Leuten zu sprechen. Alle Gäste verfolgten seine Worte aufmerksam.

Währenddessen wartete Chie auf den richtigen Moment, den Auslöser zu drücken.

„Zum Schluss möchte ich noch einen ganz besonderen Dank aussprechen.“ Wie Shu ihr verraten hatte, wollte er sich bei seinen Mitarbeitern bedanken. Chie hielt ihre Kamera bereit.

„Und zwar an meine Mitarbeiter und meinen Vater. Auch heute haben sie wieder tolle Arbeit geleistet, um unsere Gäste zu erfreuen.“

Vollkommen überrascht davon, in der Rede erwähnt zu werden, tauschten die Bediensteten untereinander Blicke aus. Dann richteten sie ihre Aufmerksamkeit wieder auf Shu.

„Nicht nur heute, sondern zu jeder Zeit sind sie mir eine große Hilfe. Ich bin dafür sehr dankbar, meine Wertschätzung könnte größer nicht sein."

Shu sah jeden einzelnen Mitarbeiter an, als würde er sie namentlich erwähnen. Yuma legte seine Hand auf die Brust, Mairo schloss die Augen und Matsumae strahlte Shu so herzlich an wie eine echte Schwester. Kanae stand stramm und versuchte, sich trotz aufsteigender Tränen auf die Rede zu konzentrieren.

Der Anblick verursachte Chie eine Gänsehaut. Mit dem Finger auf dem Auslöser wartete sie bloß auf den richtigen Moment.

„Sie sind meine Freunde und meine Familie. Bitte geben Sie ihnen allen, den unsichtbaren Hauptfiguren dieser Feier, einen Applaus!"

Genau diesen Moment hielt Chie mit ihrer Kamera fest. Die Gäste klatschten und die Belegschaft der Tsukiyamas verbeugte sich.

„Shu hat 'ne eigenartige Anziehungskraft", murmelte Chie auf dem Balkon des Landhauses vor sich hin, mit ihrer Wange in die Hand gestützt.

Jetzt, da die Rede vorüber war, war auch ihr Job erledigt. Es gab keinen Grund, noch länger hier zu bleiben. Für die Nacht hatte sie ein Zimmer im nächstgelegenen Businesshotel gebucht.

„Hi, Chie! Wie fandest du meine Rede?" Shu kam auf sie zu, als sie gerade dabei war, in ihre Klamotten zu schlüpfen und den Landsitz zu verlassen.

„Für deine Rede hab ich mich gar nicht so interessiert."

„Ha ha ha, ich weiß, dass du von meiner Rede total begeistert warst“, feixte Shu mit selbstsicherer Miene.

„Jaja“, erwiderte Chie gleichgültig. „Aber die Fotos sind gelungen. Ich speichere sie auf meinem Rechner und geb dir dann die Daten, okay?“

„Oh, ich kann's kaum erwarten, sie Ken und seinen Leuten zeigen.“

„Ach, Ken?“

„Ja, genau! Er hat keine Ahnung, was für ein beliebter Ghul ich bin. Wenn er diese Fotos sieht, bekommt er bestimmt einen ganz anderen Eindruck von mir!“

Shu wollte Ken die Fotos zeigen, um vor ihm damit zu prahlen, wie er vor vielen Leuten eine Rede hält. War der arme Ken nur dazu da, sich Shus Angeberei anzuhören? Er tat ihr leid.

„Was du mit den Fotos machst, ist natürlich dir überlassen“, entgegnete sie. Im Prinzip war es ihr völlig egal.

„Shu!“ Jemand rief Shus Namen.

Es war Kanae. Chie vermutete zunächst, dass er Shu darum bitten würde, zur Feier zurückzukehren. Doch Kanae hielt einen Rosenstrauß in seinem Arm.

„Kanae, was ist mit den Blumen?“

„Mirumo hat sie mir übergeben. Für ‚die kleine Freundin‘ …“

„Von Papa? Aber warum?“ Shu neigte seinen Kopf. Kanae kannte zwar den Grund, sagte aber nichts.

„Wir haben Souvenirs für unsere Gäste", freute sich Shu, „aber ich hätte nicht gedacht, dass Papa auch für die kleine Maus was vorbereitet hat!" Er war begeistert.

„Nimm sie", grummelte Kanae immer noch schlecht gelaunt und drückte Chie den Strauß in die Hand. Sie war niemand, der viel für Blumengeschenke übrig hatte, nahm ihn aber trotzdem dankend an.

„Na, dann viel Spaß noch", sagte sie, während sie in das Auto stieg, das vorgefahren war, um sie abzuholen.

„Du mit einem Strauß Rosen … Dass ich das noch erleben darf!", gluckste Chies Freund auf dem Fahrersitz und beäugte sie neugierig. Sie hatte ihn darum gebeten, sie zu chauffieren, da sie auf einer Ghul-Feier wohl schlecht ein Taxi hätte rufen können.

„Willst du sie haben?"

„Nein, nein! Die hast du doch bekommen", lehnte er ab und fuhr los. Chie begutachtete die Rosen mit ihren hellrosafarbenen Blüten. Sie wusste, wie die Rosen hießen.

„Fantin Latour … glaube ich." Der Name dieses Künstlers, der die schönen Rosen gemalt hatte. „Ich bin quasi Henri Fantin-Latour und Shu ist meine Rose."

# III

Einige Tage später trafen sich Chie und Shu erneut in einem Café. Während sie einen Pfannkuchen mit extra viel Schlagsahne mampfte, schaute sich Shu die Fotos an. Zweifelsfrei hatte sie genug Fotos gemacht, doch Shu zitterte am ganzen Leib vor Wut.

„Und das ist das letzte Foto."

Als Chie ihm das letzte Bild zeigte, haute Shu auf den Tisch und schrie fuchsteufelswild: „Da war kein einziges Foto von mir dabei! Why, why, why, why, why, why?!"

Chie hatte tatsächlich kein Foto von Shu gemacht. Sogar auf den Fotos, die während seiner Rede geschossen wurden, war sein Antlitz vom Pavillon verdeckt.

„Du hättest auf den Bildern gestört."

„Gestört? Warum denn das?! Ich war doch der Gastgeber! Wozu bist du überhaupt gekommen?!"

„Um deinen besten Moment abzulichten, natürlich."

„Und warum fehle ich dann auf all diesen Fotos?!“

Chie schlürfte ihr Eiscreme-Soda aus und blickte aus dem Fenster.

„Oh, da ist Ken!“

„Was?!“

Sie zeigte mit dem Finger nach draußen. Shu sprang auf, presste sich gegen die Scheibe und suchte nach Ken.

„Wo denn?!“

Als er wieder zu ihr schaute, war sie weg. Nur der USB-Stick lag noch auf dem Tisch.

„Dieses Aas!“, fluchte er.

Leichtfüßig lief Chie nach draußen und streichelte mit der Hand über ihre Kamera.

„Pff … Shu ist echt witzig.“

Shu hatte Fotos bekommen, die er nicht bestellt hatte. Er war noch stinksauer auf Chie, auch als er schon längst zu Hause war.

*Vielleicht sollte ich ihr mal einen Denkzettel verpassen*, dachte er und betrachtete die Fotos erneut. Er war auf keinem einzigen zu sehen.

„Hey, Shu! Wie sind die Fotos von unserer Gartenparty geworden?“ fragte sein Vater Mirumo, als er zu ihm ins Zimmer kam.

„Papa, es ist schrecklich! Schau dir das an!“

Shu zeigte sie ihm auf seinem PC.

„Ist das zu glauben?! Die kleine Ratte hat kein einziges Foto von mir gemacht!"

„Tatsächlich …"

Das, was auf den Fotos abgebildet war, waren ausschließlich die Bediensteten. Shu war noch immer völlig fassungslos.

Nachdem Mirumo alle Fotos gesichtet hatte, sagte er: „Ich hätte auch gern ein, zwei Fotos von dir gesehen."

„That's right! Ich verstehe nicht, was sie sich dabei gedacht hat!"

Da Mirumo ihm zustimmte, legte sich sein Zorn etwas. Sein Vater schien sich sehr für die Fotos zu interessieren. Schweigend sah er sie an und nickte dabei immer wieder.

„Shu, darf ich die Fotos haben?", fragte er schließlich.

Etwas perplex sah Shu ihn an.

„Ja, natürlich … aber warum?"

„Ich weiß nicht, irgendwie mag ich die Bilder."

Als Shu das hörte, ebbte seine Wut gänzlich ab.

„Mhm, wenn sie dir so gefallen, hat es sich vielleicht doch gelohnt …"

Er respektierte seinen Vater sehr. Und wenn er sich über die Fotos freute, war es am Ende wohl doch eine gute Entscheidung gewesen, Chie seine Feier fotografieren zu lassen.

Mit halb zusammengekniffenen Augen musterte Mirumo die Bilder. Dort waren all die Mitarbeiter zu sehen, die für die Veranstaltung so fleißig gewerkelt hatten, wie sie Shu mit liebevollen Blicken bedachten. Shu, der diese Herzenswärme und Liebe von Geburt an kannte, war das vielleicht entgangen, doch die Fotos machten deutlich, wie sehr er von diesen Leuten geschätzt wurde. Obwohl er selbst nicht auf den Fotos zu sehen war, zeigten sie doch den besten Moment seines Lebens, den eben diese Leute kreiert hatten.

*Irgendwann kommt der Tag, an dem diese Fotos meinem Sohn die Tränen in die Augen treiben werden*, dachte Mirumo bei sich.

# #005
# [ spannung ]

TOKYO GHOUL

:rë

LIGHT NOVEL
suche

# I

„Hm? ‚Das große CCG-Kunstfest: Wir erwarten eure Kunstwerke' …?"

Es war die Jahreszeit, in der der kalte Wind das Laub von den Bäumen schüttelte und sich wie Nadelstiche auf der Haut anfühlte. Die Dritte Fahnderin des Teams S1, Hairu Ihei, blieb im Foyer vor einem Poster stehen. Es war nicht besonders groß und zeigte Gemälde und Skulpturen.

„Hairu, was ist los?", fragte Kori Ui, Hairus Vorgesetzter und S1-Teamleiter, der neben ihr stand. Seine gerade geschnittenen schwarzen Haare und sein schlanker Körper verliehen ihm eine eher androgyne Erscheinung. Doch trotz seiner Zierlichkeit war er sehr stark und durchaus begabt. Schon in seinen jungen Jahren galt er als große Hoffnung der Ersten Fahnder und alle Ghulermittler zollten ihm Respekt.

Für Hairu war er jedoch vor allem ein Vertrauter. Ihm konnte sie alles sagen. Sowohl er als auch Hairu hatten früher Team 0 angehört, das unter der Leitung von Kisho Arima stand – dem stärksten aller Ghulermittler. Inzwischen arbeitete sie unter Kori, der nun selbst Teamleiter war. Dass sie mit Kori Seite an Seite in den Kampf ziehen durfte, zeigte schon, dass man ihr einiges zutraute. Wer sie zum ersten Mal sah, konnte sich kaum vorstellen, was sich hinter ihrer unschuldigen Fassade verbarg.

„Kori, was ist das?"

Mit dem Zeigefinger wies sie auf das Poster. Er trat an sie heran und warf einen misstrauischen Blick auf das Plakat.

„Ach ja, das Kunstfest … Das ist ein Kulturevent des CCG."

„Kulturevent?"

„Ja, genau. So nach dem Motto: Wir geben den CCGlern Gelegenheit, sich mit Kunst zu beschäftigen, weil die Ghulbekämpfung sowohl körperlich als auch mental ein knallharter Job ist."

„Hmm, klingt wie bei so 'ner Sekte."

„Nein, überhaupt nicht", dementierte Kori. „Kunstwerke, die die CCGler gemacht haben, werden in der Stadthalle ausgestellt, für jedermann zugänglich. Die PR-Abteilung sieht es eher als öffentlichkeitswirksame Kommunikation."

Das CCG kämpfte Tag und Nacht gegen Ghule und hatte bei manchen Zivilisten nicht unbedingt das beste Image. Daher hielt es regelmäßig solche Veranstaltungen ab, um Bürgernähe zu demonstrieren und seine Sozialbilanz aufzubessern.

„Also reine Propaganda."

„Schon ein bisschen. Aber das trägt auch zur Verbesserung des Arbeitsklimas bei. Wir veranstalten ja auch ein Baseballturnier. Solche Events fördern die Motivation der Belegschaft. Gute Kunstwerke werden prämiert. Es gibt erste, zweite und dritte Preise und einer erhält den sogenannten Ehrenpreis, der vom Gastjuror verliehen wird."

„Aha …", sagte Hairu und nahm ihren Finger vom Poster. „Wahrscheinlich gibt's aber nicht so viele, die daran teilnehmen."

Die meisten CCGler verbrachten ihre Freizeit mit Workout und Training, statt sich künstlerisch zu betätigen.

„In der Tat", stimmte Kori ihr zu. „Das Kunstfest ist längst nicht so beliebt wie das Baseballturnier. Und die Wenigen, die mitmachen, sind jedes Jahr dieselben. Ist eher ein Zeitvertreib für Omas und Opas, die sonst nur im Büro hocken."

Er zuckte mit den Schultern.

„Komm! Wir haben noch eine Menge zu tun."

„Jaaha."

„Aber eins muss ich noch loswerden."

„Was denn?"

„Fragst du mich in Zukunft bitte nicht jedes Jahr dasselbe?", bat Kori.

Irritiert neigte Hairu ihren Kopf zur Seite. Hatte sie ihn schon mal danach gefragt? Sie hatte es wohl vergessen, da das Thema so nebensächlich für sie war.

„Kann schon sein, dass ich dir diese Frage nächstes Jahr wieder stelle."

„Hairu …"

Sie spürte Koris tadelnden Blick.

„Jaja, sorry!", sagte sie, hielt dann aber den Mund. Sie hatte keine Lust, sich jetzt eine Predigt anzuhören. Schweigen war schließlich Gold. Da sie so plötzlich verstummte, sah Kori keinen Anlass, weiterzumeckern, seufzte und ging weiter.

So verließen sie das Foyer. Nächstes Jahr würden sie sich wohl sowieso nicht mehr an dieses Gespräch erinnern.

Doch einige Tage später gab es überraschende Neuigkeiten in Sachen Kunstfest.

# II

„Nicht doch, Herr Arima! Sie sind der Gastjuror des Kunstfestes?!“

Der Mann, mit dem sich Hairu und Kori unterhielten, war Kisho Arima. Der Ghulermittler mit den weißblonden Haaren und der aparten Ausstrahlung war gerade von einer Mission zurückgekehrt Hairu und Kori waren ihm nur zufällig begegnet und sogleich mit dieser unerwarteten Nachricht konfrontiert worden: Arima war zum Gastjuror des CCG-Kunstfestes ernannt worden.

„Warum denn ausgerechnet Sie, Herr Arima?! Können Sie denn Kunstwerke bewerten?!“ fragte Kori vollkommen verblüfft.

Vor Hairu verhielt sich Kori wie ein erfahrener Chef, doch gegenüber Arima wirkte er genauso jung wie sie.

„Keine Ahnung.“

„Oje ...“

Der Ghulermittler Arima, von allen als „Weißer Sensenmann“ bezeichnet, hatte noch keinen Kampf gegen Ghule verloren und wurde dementsprechend von ihnen gefürchtet, doch unter Kollegen erschien er ihnen manchmal wie ein Tagträumer.

„W… warum haben Sie diesen Job denn angenommen?! Wenn Sie doch kaum Ahnung von Kunst haben …"

„Das habe ich denen auch gesagt, aber die Organisatoren meinten, dass ich lediglich ein Werk wählen soll, das mir gefällt, und der Künstler bekäme dann eben den Preis von mir."

Arima war seine Berufung als Jurymitglied selbst nicht geheuer, lehnte die Aufgabe aber trotzdem nicht ab. Befehlsverweigerung kam für ihn nicht infrage.

„Was haben die sich dabei gedacht? Warum bitten sie jemanden darum, der dafür nun wirklich am allerwenigsten Zeit hat?!", wunderte sich Kori weiter und kratzte sich am Kopf. Irgendwie machte es ihn verdammt sauer, dass die Organisatoren Arimas wertvolle Zeit raubten. Hairus Reaktion fiel nicht so missbilligend aus.

„Herr Arima, also wählen Sie das Werk für den Ehrenpreis?"

Für Hairu war Arima eine besondere Person. Sie hätte alles dafür getan, um vom „Weißen Sensenmann" gelobt zu werden.

„Ja."

Und weil das so war, musste sie natürlich am Kunstfest teilnehmen. Ausgerechnet jene Veranstaltung, für die sie nie etwas übriggehabt hatte, wurde nun plötzlich ein wichtiges Event für sie.

Sie hob die rechte Hand und verkündete: „Ich mach mit!"

Verblüfft schaute Kori seine Kollegin an. Arimas Gesichtsausdruck blieb unverändert.

„Ich erschaffe ein Werk und bekomme den Preis von Herrn Arima!“, verkündete sie und grinste. Kori warf ihr einen verdrossenen Blick zu.

„Überlegen Sie sich bitte genau, welches Werk Sie wählen.“

„Das werde ich“, bestätigte Arima und verabschiedete sich. Kori und Hairu blickten ihm nach, bis er mit seinen Leuten aus ihrem Sichtfeld verschwunden war. Kori verschränkte seine Arme.

„Willst du wirklich mitmachen?“

Eigentlich hatte Hairu schon genug um die Ohren, aber ihre Teilnahme am Kunstfest hatte nun oberste Priorität.

„Natürlich! Nichts geht über Herrn Arimas Wertschätzung!“

„Immer dieselbe Leier.“

„Dito“, feixte sie.

„Puh …“ Kori löste seine Arme aus der Verschränkung, seine Gedanken aber hingen immer noch Herrn Arima nach. „Es wäre ganz schön peinlich, wenn's zu wenig Bewerber gäbe …“ Er sorgte sich, dass Arimas Image leiden könnte. Diese Veranstaltung war immerhin extrem unpopulär.

„Na gut. Ich bin dabei.“

„Ist das dein Ernst, Kori?“

„Ja, aber nur für die Quote. Ich sprech auch noch Team 0 und Take drauf an.“ Kori zählte ein paar seiner Kollegen auf.

„Neeein!“ schrie Hairu entsetzt. „Es müssen nicht massenweise Leute teilnehmen!“ Zu viel Konkurrenz wäre gar nicht gut.

„Es werden trotzdem nur ein paar sein. Take wird zwar mitmachen, hat aber eh kein Interesse daran, was zu gewinnen. Sein Werk wird so unauffällig sein wie er selbst.“

Ghulermittler Take Hirako hatte viel mit Hairu, Kori und Arima zu tun. Auch er war sehr begabt, blieb aber stets im Schatten seiner talentierten Kollegen.

„Selbst wenn alle mitmachen würden, wäre es immer noch ein kleines Event. Wundert mich echt, dass es den Kunstwettbewerb überhaupt noch gibt.“ Er hätte sich nie träumen lassen, dass er selbst mal daran teilnehmen würde. „Echt peinlich, meinem Vorgesetzten irgendwas Selbstgebasteltes vor die Nase zu halten.“

„Dann lass es doch!“

„Nein, ich muss“, erwiderte Kori entschlossen.

Kurz darauf setzte er Team 0 und Take ins Bild und bat sie um ihre Teilnahme am Kunstfest. Natürlich waren sie überrascht, sagten jedoch Arima und Kori zuliebe zu.

„Ist vielleicht doch etwas auffällig, wenn alle Teilnehmer ausnahmslos Kollegen sind …“ Kori kam erneut ins Grübeln.

Doch sein Engagement für die Sache löste etwas aus, womit keiner gerechnet hatte …

„Hey, hast du schon vom Kunstfest gehört?“

Die Ghulermittler des CCG hatten kein anderes Gesprächsthema mehr.

„Klar! Fahnder Ui und Team 0 wollen auch teilnehmen, hab ich gehört."

„Was?! Die ganze Arima-Fraktion?!"

Die Ghulermittler aus Arimas Team waren die auserwählte Elite. Sie spielten in einer ganz anderen Liga. Durchschnittliche Ermittler hatten keine Chance, ihnen jemals ebenbürtig zu sein, doch nun, da es um Kunst ging, konnten sie es ihnen vielleicht endlich mal zeigen. So irrelevant künstlerische Begabung für einen guten Ermittler auch war, bei all dem Neid auf solche Naturtalente wie Arima und seine Kollegen witterten sie im Kunstfest ihre Chance, sich zu beweisen.

„Weißt du was? Ich hatte in der Schule immer 'ne Eins in Kunst!"

„Ich hab in der Grundschule beim Kunstwettbewerb den ersten Platz belegt!"

All die Leute mit ihren chronischen Minderwertigkeitskomplexen wähnten sich beim Kunstfest schon als die großen Gewinner und dass Arima der Gastjuror war, stachelte sie zusätzlich an. Immer mehr wollten wissen, welche Kunstwerke ihm gefallen würden, und dieser Schneeballeffekt löste einen regelrechten Hype aus. Sogar Ermittler, die eigentlich null Interesse an Kunst hatten, wollten jetzt mitmachen. Nur so zum Spaß.

# III

„Kuki!“, rief jemand von hinten.

Kuki schnalzte mit der Zunge. Er wusste, wer es war. *Dieser Nervbolzen.*

Wortlos drehte er sich um. Wie vermutet, stand Takeomi Kuroiwa vor ihm. Sein gleichaltriger Kollege war groß, hatte scharfe Gesichtszüge und die gleichen ausdrucksstarken Augen wie sein Vater Iwao Kuroiwa.

Iwao war ein Veteran mit unzähligen Verdiensten, der von älteren und jüngeren Ermittlern gleichermaßen verehrt wurde. Im CCG gab es wohl niemanden, der schlecht von ihm dachte. Für Kuki aber war etwas anderes von Belang: Sein eigener Vater hatte sich für Iwao geopfert. Ohne ihn wäre Iwao jetzt tot.

Kukis verstorbener Vater war ebenfalls Ghulermittler gewesen. Als Erster Fahnder hatte er ein eigenes Team geführt und Takeomis Vater Iwao war einer seiner Leute gewesen. Als sein Team der „Einäugigen Eule“ begegnet war, hatte Kukis Vater seinen Untergebenen den

Rückzug befohlen und es allein mit ihr aufgenommen. So kam sein Vater, sein liebevoller Vater, eines Tages als kaltes, in Fetzen gerissenes Stück Fleisch zurück. Und alles, was Kuki seit jeher dachte, war: *Warum habt ihr meinen Vater im Stich gelassen?*

Bis zum heutigen Tag hegte Kuki einen Groll gegen Iwao. In seinen Augen verdiente er einen genauso grausamen Tod.

Welch eine Laune des Schicksals, dass Kuki mit Takeomi im selben Klassenzimmer die Schulbank hatte drücken müssen. Und beide waren Stipendiaten der Akademie gewesen. Kuki hatte sich tierisch angestrengt, um bessere Noten als sein Rivale zu bekommen. Er wollte ihm überlegen sein und Takeomi vor Neid erblassen sehen.

Doch Takeomi war ein aufrichtiger Kerl und kannte so etwas wie Neid überhaupt nicht. Er akzeptierte es, wie gemein Kuki sich auch verhielt. Takeomis Redlichkeit erzürnte Kuki nur noch mehr, denn es zeigte, wie viel Liebe und Zuneigung er von seinen Eltern erfahren haben musste.

*Er soll genauso leiden wie ich. Wenn er spürt, wie hart das ist, wird er mich nie wieder so unschuldig anglotzen.*

Sobald Kuki ihn sah, kamen diese negativen Gefühle in ihm hoch.

„Ja, was denn?“, schnaubte Kuki. *Sprich mich nicht an!*

Am liebsten hätte Kuki ihn komplett ignoriert, doch er wollte sich nicht die Blöße geben, einen beleidigten Eindruck zu vermitteln.

Neugierig fragte Takeomi: „Willst du auch beim Kunstfest teilnehmen?“

Kukis Augenbraue zuckte.

„Dass das CCG Wert auf Kunst legt, ist eine super Sache. Ich wollte schon immer mal mitmachen.“ *Also wirf mich nicht mit diesen Amateuren in einen Topf!*, schrie Kuki innerlich.

In seiner Freizeit malte er Ölgemälde. Sein Entschluss zur Teilnahme hatte schon festgestanden, lange bevor ihm zu Ohren gekommen war, dass Arima zum Gastjuror ernannt worden war und Team 0 mitmachen wollte. Auch die Familie Washu war jedes Jahr in der Jury vertreten. Kuki betrachtete es als Chance, sich einen Namen zu machen.

„Aha, dacht' ich's mir. Dieses Jahr ist mein Team auch mit von der Partie.“

„Wie? Team Hirako macht mit?“ *Demnach auch du?*

Takeomi gehörte Take Hirakos Team an. Take war von Fahnder Ui um die Teilnahme gebeten worden und der Vizeleiter Kuramoto Ito hatte es allen Mitgliedern schmackhaft gemacht.

„Ja, also, ich habe leider kaum Erfahrung mit Kunst. Darum wollte ich mir bei dir einen Rat holen“, erklärte er.

Schon zu Akademiezeiten hatte es Takeomi zu einiger Berühmtheit gebracht, von seinem etwaigen Interesse an kulturellen Dingen hatte Kuki allerdings noch nichts gehört.

„Verstehe.“ *Tja, ich bin eben anders als so ein Muskelprotz wie du.*

Takeomi fragte nicht aus respektvoller Bescheidenheit. Er brauchte wirklich Hilfe. Trotzdem hatte Kuki keine Lust, ihm unter die Arme zu greifen.

„Wer keinen Hang zur Kunst hat, kann nicht innerhalb eines Tages ein Meisterwerk aus dem Boden stampfen. Da du kein konkretes Ziel hast, ist es schwierig, dir Tipps zu geben. Ich empfehle dir, dass du einfach loslegst und dich ausprobierst. – *Was künstlerisch völlig wertlos ist!* – Ob das Ergebnis gut ist oder schlecht, ist unerheblich. Ich hoffe, dass dir das weiterhilft."

Es war doch reine Zeitverschwendung, mit ihm zu reden. Wie sollte er jemanden beraten, der überhaupt nicht wusste, was er will? Und selbst wenn Takeomi einen konkreten Plan gehabt hätte, wollte Kuki noch längst nicht seinen Nachhilfelehrer spielen.

„Ja, du hast Recht. Tut mir leid", entschuldigte sich Takeomi.

Kuki fühlte sich überlegen. Diese Naivität! Schämen sollte er sich.

„Wie wär's, wenn du statt feiner Pinsel Holzstücke verwendest – *Genau das Richtige für dich Muskelprotz!* – oder so was in der Art?" Zynisch fügte er hinzu: „Also dann, viel Erfolg mit deinem – *Kinderkram!* – Kunstwerk!"

Wenn es um Kunst ging, ließ Kuki sich nichts vormachen. Schadenfroh malte Kuki sich aus, wie es sein würde, Takeomis bescheuertes Werk zu betrachten. Das Kunstfest würde der Brüller werden, lachte er leise in sich hinein.

„Kuki scheint heute gut drauf zu sein“, murmelte Toru, als sie ihn nach einem Meeting auf dem Flur entdeckte. Kuki verhielt sich eigentlich normal, konnte aber seine außergewöhnlich gute Laune nicht ganz vor ihr verbergen.

„Was ist los, Toru?“, erkundigte sich Juzo Suzuya. Sein Büro befand sich im 13. Bezirk, doch heute war er wegen der Nachbesprechung zum Einsatz bei der Auktion in die Zentrale gekommen.

Juzo sah zu Kuki und wandte sich dann erneut an Toru: „Wollen wir ihn einladen?“

„Nein, lieber nicht. Er verzichtet momentan auf Zucker, weil er auf Diät ist.“

„Dann isst er gar nichts Süßes?“

„Nein. Er will noch muskulöser werden.“

„Schade, dass er nicht mitkommt“, ertönte die Stimme von Juzos Assistent Hanbe Abara hinter ihnen. Dann traten auch seine Kollegen Keijin Nakarai, Miyuki Mikage und Mizuro Tamaki aus dem Meetingraum heraus. Sie wollten zusammen in einen angesagten Cupcake-Laden gehen. Normalerweise holte Hanbe Nachtisch für alle, aber Juzo wollte sich selbst etwas aussuchen.

„Nicht mal letztens, als der Meister einen Eimer voll Karamellpudding gemacht hat, hat er sich davon abbringen lassen“, bedauerte Toru.

„Hat er nicht mal probiert?“, hakte Keijin nach.

Toru lächelte bitter. „Na ja, der Meister hatte ihm nur eine Miniportion gegeben.“

Toru konnte sich noch gut erinnern. An jenem Abend waren alle gleichzeitig nach Hause gekommen, weil ein Fall gelöst worden war. Nach dem Abendessen hatte Haise plötzlich einen Eimer voll Pudding auf den Esstisch gestellt. Saiko hatte sich aufgeführt wie ein kleines Kind, Ginshi hatte am Eimer gerüttelt, aber Kuki keine Miene verzogen.

„Im Château gibt’s immer so leckeren Nachtisch von Haise! Das macht mich echt neidisch“, seufzte Juzo unschuldig lächelnd. Wenn er sich so verhielt, war es schwer vorstellbar, dass er ein gnadenloser Ghulermittler war.

Den Cupcake-Laden konnte man von der CCG-Zentrale aus zu Fuß erreichen. Das ganze Café roch so süßlich, dass man sich von der Luft allein schon satt fühlte. Alle Cupcakes in der Auslage waren liebevoll zubereitet: mit Blumen- und Tiermotiven verziert, geschmückt wie kleine Kunststücke.

Juzo und seine Kollegen setzten sich an einen Tisch und gaben ihre Bestellungen auf.

„Wir fallen auf wie bunte Hunde, oder?", bemerkte Toru verunsichert. Alle übrigen Kunden im Laden waren weiblich. Toru spürte die bohrenden Blicke der Nachbartische, doch Juzo schien das nicht aus der Fassung zu bringen.

„Wie niedlich! Die sehen wie Spielzeug aus", freute er sich und stach mit der Gabel in einen der Cupcakes auf dem Tablett.

„Herr Suzuya, sehen die nicht aus wie NGC 4038 und NGC 4039?"

„Miyuki, wovon redest du?", fragte Mizuro.

„Von den Antennen-Galaxien. Schon mal gesehen?"

„Noch nie!"

„Das Sternbild Rabe sagt dir was?"

„Gibt's so ein Sternbild wirklich?"

Der große Weltraumexperte Miyuki nervte manchmal ganz schön mit seiner ständigen Fachsimpelei. Toru tippte die Begriffe auf ihrem Smartphone ein. Sogleich erschienen auf dem Display Bilder der besagten Galaxien.

„Meinst du das vielleicht?"

„Exakt!" Miyuki tippte mit dem Finger auf ein Bild.

„Hmm, wie ein Kunstwerk“, befand Hanbe und hatte plötzlich einen Geistesblitz: „Apropos Kunst! Toru, wollt ihr Château-Leute nicht auch beim Kunstfest mitmachen?“

Das CCG-Kunstfest – davon hatte Toru schon gehört.

„Ich nicht, weil ich davon keine Ahnung habe, aber meine Kollegen schon“, antwortete sie.

Ginshi und Saiko waren sehr motiviert. Ob Kuki auch Lust hatte, wusste sie nicht. Da er für die Malerei aber durchaus was übrighatte, würde er sicher daran teilnehmen, überlegte sie.

„Und Haise? Macht er auch mit?“, fragte Juzo mit vollgestopftem Mund.

Nach kurzem Zögern verriet Toru: „Der Meister hat vor, ein Lebkuchenhaus zu basteln. Aber er meinte, dass das wohl nicht als Kunst durchgehen wird.“

Juzos Augen glänzten: „Das will ich essen!“

„Irgendwie traut er sich nicht.“

„Du musst ihn unbedingt überreden, Toru!“

„Ihn überreden?“

„Ich flehe dich an!“ Hanbe verbeugte sich.

„Sag bis zum nächsten Meeting Bescheid, ob er teilnimmt oder nicht“, befahl Keijin und Mizuro flüsterte: „Sag einfach Ja!“

„Wenn du ein Leben erhalten hast, werde zu einem Stern!“

Miyukis Hinweis war ihnen wie immer ein Rätsel. Aber wer konnte in dieser Situation schon Nein sagen?

Toru ließ sich also breitschlagen und überlegte angestrengt, wie sie Haise überreden könnte. Haises Vorgesetzte Akira war gegen das Lebkuchenhaus.

Sie hatte gesagt: „Wenn du so was abgibst, wirst du nur ausgelacht."

„Akira hat Recht", hatte Haise zwar zugestimmt, wirkte aber etwas traurig dabei. Wenn Juzo darum bäte, würde Akira bestimmt nicht mehr so negativ sein. Hauptsache, der Meister hatte Spaß. Und Toru war immer bereit, Haise zu helfen.

„Was ist mit euch? Wollt ihr auch mitmachen?"

„Wir geben die fantastischen Bilder von Herrn Suzuya ab."

Hanbe erklärte, dass Juzo in seiner Freizeit gerne Tiere malte, und diese Bilder hatte Hanbe sorgfältig in einem Ordner archiviert.

„Miyuki und ich haben auch vor, teilzunehmen", sagte Mizuro, nachdem er den süßen Nachgeschmack des Cupcakes mit Kaffee runtergespült hatte.

„Aha, lass mich raten, hat es was mit Weltraum zu tun?"

„Nein, was anderes. Miyuki, zeig mal."

Miyuki holte ein Notizbuch aus seiner Jackentasche, riss ein Blatt heraus und faltete es zusammen. Ein rechteckiges Blatt Papier zu einem Quadrat. Dann faltete er das Blatt nach innen und nach außen …

Nach zwei Minuten entstand ein Pentagramm. Es war simpel, aber es war ein Pentagramm.

„Weltraum …", murmelte Toru spontan.

„Cool! Du spürst die Energie des Weltraums!", freute sich Miyuki. Letztendlich blieb er seinem Steckenpferd eben doch treu.

„Siehst du? Miyuki kann ziemlich gut Origami", erklärte Mizuro.

„Ah, Origami!" Erst jetzt merkte Toru, dass es sich um Papierkunst handelte.

„Ich kann damit Dinos basteln. Die wurden von Meteoriten ausgelöscht. Oder einen Rosettennebel, eine Supernova …"

Toru begann zu zweifeln, ob die Papierfalterei hier noch im Mittelpunkt stand.

„Wenn ich ein Origami hundertunddreimal falte, entsteht ein echter Kosmos. Aber leider bin ich so weit noch nicht vorgedrungen."

„Quatsch", warf Mizuro ein.

„Mizuro, du hast keine Ahnung. Origami, das ist der Weltraum selbst!"

Wenn das ein Kunstwerk war, konnte alles Kunst sein, sinnierte Toru. Bei diesem Thema kamen ihr als Erstes Gemälde in den Sinn, weil Kuki hin und wieder malte. Sein Zimmer roch nach Terpentin, das man zur Ölmalerei verwendete. Ginshi und Saiko beschwerten sich zwar oft, aber Toru fand, dass der beißende Geruch zu Kuki – dem Einzelgänger – wunderbar passte. Auf der anderen Seite wusste sie, dass er sich insgeheim einsam fühlte.

Toru seufzte kaum hörbar und klinkte sich wieder ins Geschehen ein. Sie war schon etwas neugierig, was Saiko und Ginshi vorhatten.

„Wenn ich wieder zu Hause bin, frage ich sie. Und ich muss Haise überreden, das Lebkuchenhaus zu basteln", flüsterte Toru vor sich hin, während sie zuschaute, wie Juzo fröhlich weiter Cupcakes naschte.

# IV

„Hey, Kori! Was machst du da?“

Als Hairu die Tür des Büros öffnete, schnippelte Kori gerade an Fotos herum.

„Hast du was gegen ihn?“

„Natürlich nicht!“, blaffte er und starrte sie böse an.

Hairu zuckte mit den Schultern und setzte sich. Kori schnitt unbeirrt weiter und als er fertig war, räumte er die Reste weg. Hairu stand wieder auf und schaute sich die ausgeschnittenen Fotos an.

„Und was willst du damit?“

Ihr fiel auf, dass alle Fotos in ähnlichen Farbtönen waren.

„Ich bastle eine Collage. Fürs Kunstfest natürlich“, erklärte er. Alle ausgeschnittenen Fotos wollte er auf einem Papier drapieren.

„Du bist aber krass motiviert!“

„Wenn ich schon mitmache, will ich keine halben Sachen machen. Ich will ja nicht ausgelacht werden.“ Kori seufzte.

Inzwischen redeten alle Ghulermittler nur noch von diesem Kunstfest, obwohl sich vorher niemand dafür interessiert hatte. Der Abgabetermin war noch ein paar Tage hin, aber schon jetzt waren wesentlich mehr Werke eingereicht worden als im Vorjahr insgesamt. Die Organisatoren machten sich allmählich Sorgen, dass der Raum für die Ausstellung zu klein sein könnte.

„Ich hab nicht damit gerechnet, dass das so eine große Sache wird."

„Das hast du dir doch gewünscht, Kori", sagte Hairu. So sollte es ja auch sein, wenn Arima in der Jury saß.

„Schon, aber das ist etwas übertrieben." Kori betrachtete die Lage wie gewohnt kritisch. Hairu kapierte nicht, warum er so skeptisch war.

Unterdessen klopfte jemand an der Tür und ein Besucher betrat das Büro.

„Hallo, Kori-Boy!"

Er hatte einen durchtrainierten Körper, trug einen Schnurrbart und seine Haare waren mit einer ordentlichen Menge Haargel nach hinten gekämmt. Dieser auffällige Typ war der Erste Fahnder Mogan Tanakamaru.

Er war ein Veteran unter den Ghulermittlern des zweiten Bezirks und genoss in der Bevölkerung ein hohes Ansehen. Für die junge Ermittlerin Hairu war es jedoch schwierig, seinen Charme zu interpretieren. Wenn er den Raum betrat, fühlte sie sich, als wäre die Zimmertemperatur um zwei Grad angestiegen.

Kori starrte ihn sprachlos an. Ein Treffen mit Mogan war laut Terminkalender für heute nicht vorgesehen.

„Boy, ich habe es gehört!", rief Mogan und näherte sich Kori mit großen Schritten.

„Ähm … Was haben Sie gehört?"

„Dass du derjenige bist, der den Hype um das Kunstfest ausgelöst hat!", konkretisierte er und applaudierte ihm. Dabei klatschten seine Hände so laut aneinander, als würde etwas zerplatzen. Kori wirkte etwas verlegen ob des Lobes.

*Deswegen war er vorhin so nervös*, dachte Hairu.

„Auch Ghulermittler müssen mal Spaß haben! Ich liebe Veranstaltungen, die unser Leben bunter machen! Auch ich habe einige Events organisiert wie zum Beispiel den ‚CCG-

Dandy-Contest‘ und das Baseballturnier, aber ich hab's noch nie geschafft, so einen Hype auszulösen! Junger Mann, du hast ein Wahnsinnstalent, Leute zu begeistern! Hm …?“ Mogans Blick wanderte zu Koris Fotoausschnitten. „Du bastelst auch was? Ist das eine Fotocollage? Sehr interessant!“

„Ähm, ja …“

Mogan, der in einem Tempel aufgewachsen war, war kulturell sehr gebildet. Er begriff sofort, was Kori im Sinn hatte.

„Es ist nicht einfach, gute Fotos zu sammeln, oder?“

„Ja, das ist wahr …“, stimmte Kori ihm zu.

Mogan nickte kräftig, ballte eine Faust und klopfte sich gegen die Brust.

„Boy, ich helfe dir beim Basteln!“

„Nein, das schaff ich schon allein“, wies Kori ihn ab. Mogan ignorierte seine Antwort jedoch völlig.

„Das wird großartig! Ich wollte sowieso Fotografieren lernen!“

Mogan war nicht zu bremsen. Er packte Koris Schulter.

„Ha ha ha ha! Lass uns Hand in Hand arbeiten, um ein fantastisches Meisterwerk zu kreieren! Ha ha ha ha ha!“, lachte Mogan lauthals.

Hairu bemerkte, wie sich Koris Gesicht verfinsterte. So schnell konnte einem der Spaß am Basteln vergehen.

Kori war selbstverständlich auch nicht der Einzige, der mit Problemen dieser Art zu kämpfen hatte.

„Also, hier so! Und so! Dann so, so, so und fertig. Kapiert, junger Mann?"

„Nicht die Bohne!!!"

Ginshi, der Teamleiter der Quinks, dem Saikos Erklärung ein paar Nummern zu ungenau war, schrie hysterisch.

Sie saßen seit einer Weile in einem Restaurant, den Tisch voller Getränke und Motorradmagazine, auch ein Skizzenbuch hatten sie. Darin waren zwei Kreise und ein paar Linien aufgemalt. Auf den ersten Blick sahen diese geometrischen Gebilde aus wie Auberginen und Gurken. Das war Ginshis Versuch, ein Motorrad zu zeichnen.

Ginshi war einer von vielen, die beim Kunstfest einen Preis abräumen wollten. Die Gewinner, die die Jury auswählte, würden ein saftiges Preisgeld bekommen. Das wusste Ginshi, und da er gute Gründe hatte, Geld heranzuschaffen, wollte er diese Chance nicht missen.

Das Problem war nur, dass er keinen Schimmer hatte, wie er es anstellen sollte. Mit Kunst und Kultur hatte er nichts am Hut. Statt Malpinsel hatte er lieber einen Schraubenzieher in der Hand, mit dem er an seinem Motorrad bastelte.

Er war realistisch genug, um einzusehen, dass die ersten und zweiten Plätze außer Reichweite waren. Ein dritter Preis aber lag im Bereich des Möglichen. Er bat Saiko um einen Malkurs, weil ihm ihre Illustrationen im Vergleich zu Kukis Ölgemälden leichter zu imitieren erschienen.

Doch tatsächlich war es viel schwieriger, als er gedacht hatte.

„Zeig doch mal, was du drauf hast", forderte Saiko.

Er versuchte anhand einer Zeitschrift ein Motorrad zu zeichnen – das fertige Bild sah jedoch völlig anders aus, als er es sich vorgestellt hatte.

„Erklärst du mir, was dieses Gemüse mit einem Motorrad zu tun hat?"

„Klappe!"

Saiko hielt ihm ihr Bild vor die Nase, das sie währenddessen gezeichnet hatte. Es war simpel, sah aber auf jeden Fall wie ein Motorrad aus. Die Unterschiede waren sofort erkennbar.

„Ich hab gedacht, die Dinge, die ich jeden Tag sehe, müsste ich leicht zeichnen können."

„Typisch Männer. Den Frauen, die immer in ihrer Nähe sind, schenken sie kaum Aufmerksamkeit."

„Wovon redest du? Och, menno!", klagte Ginshi und ließ seinen Kopf auf den Tisch knallen. „Soll ich mir jetzt Farbe ins Gesicht schmieren und 'nen Abdruck machen? Als Selbstportrait?!"

„Wie du meinst.“

„Komm, bitte, hilf mir doch!“

„Wie wär's, wenn du 'nen Ganzkörperabdruck machst?“

„Kommt nicht infrage!“

„Hm. Ich hab Lust auf frittiertes Hähnchen.“

„Von mir aus, bestell dir was. Aber bitte bleib bei der Sache und hilf mir!“

Hoffnungsvoll bot er ihr an, die Rechnung zu übernehmen.

„Cool!“, sagte Saiko und drückte den Service-Button auf dem Tisch, um einen Kellner zu rufen.

Während er ihr zusah, fiel Ginshi auf, wie friedlich dieser Augenblick doch war.

„Hier vergesse ich fast, dass ich Ghulermittler bin.“

„Echt? Hm, ich hab auch kaum daran gedacht.“

„Hm.“

„Jetzt kann ich sowieso nur noch an frittiertes Hähnchen denken!“, seufzte Saiko und begann, ein selbst komponiertes Lied zu singen: „Hähnchen, oh mein Hähnchen!“

Es sah ganz danach aus, als fände ihr Malkurs erst nach dem Essen statt. Gelangweilt kritzelte Ginshi Kreise in das Skizzenbuch.

Dieser Moment erschien ihm nicht zuletzt deshalb so friedlich, weil er gerade erst den Einsatz „Auktion“ überlebt hatte und von diesem Kampf noch ziemlich aufgewühlt war.

„Ich will hübsch sein“, hatte der Nussknacker im Sterben gesagt.

Das hatte mitnichten zu einer brandgefährlichen Ghula gepasst und genau deshalb hatte dieser Satz bei Ginshi einen Nerv getroffen. Es war, als hätte er einen Menschen getötet. Ihr Tod weckte Erinnerungen an seinen Vater, der sich das Leben genommen hatte. Ginshi war kein Melancholiker, aber genau deshalb konnte er mit solch traumatischen Erlebnissen nicht umgehen. Der Kampf war nicht nur Ginshi an die Nieren gegangen, sondern allen Quinks. Wahrscheinlich auch Saiko, die hier so rumalberte.

„Da hast du ja ganz schön viele Kreise gezeichnet, Ginshi."

„Oh, stimmt."

Er besann sich und starrte auf das unterbewusst vollgekritzelte Papier.

„Das sieht voll krank aus", stellte er fest und klappte das Skizzenbuch zu.

Doch Saiko hatte einen Geistesblitz: „This is … art!"

„Hää? Was?!"

Saiko nahm das Skizzenbuch an sich und schaute sich die Seite mit den unzähligen Kreisen erneut an.

„Ginshi, du musst ein riesengroßes Blatt Papier besorgen und ganz viele Kreise malen, so viele wie möglich!"

„Hört sich megalangweilig an", ächzte er.

Doch Saiko schüttelte den Kopf.

„So funktioniert Kunst! Du musst dir nicht krampfhaft was Interessantes ausdenken!"

„Da würd ich lieber mal echte Künstler fragen, was sie dazu sagen."

„Du bist … die Yayoi Kusama* des CCG!", sagte Saiko und hielt ihm das Skizzenbuch unter die Nase. „Zeichne einfach deine Kreise!"

„Ey, lass das!", wehrte sich Ginshi.

„Möchtest du kein Preisgeld gewinnen?", fragte Saiko provozierend.

„Doch schon."

„Dann tu, was ich sage!"

Zum jetzigen Zeitpunkt hatte er nicht die geringste Chance, einen Preis abzustauben. Er hatte so seine Zweifel, ob es das „Kreisemalen" bringen würde, doch was Besseres fiel ihm auch nicht ein. Die Sache mit den Kreisen war wohl das Einzige, was er draufhatte.

„Na schön", stimmte er zu.

Und damit war alles gesagt. Er verabschiedete sich von Saiko, die noch Zeichenmaterial besorgen wollte, und machte sich auf den Heimweg.

„Tja, Kunstfest …" stöhnte Ginshi.

Kuki hatte vor, ein Ölgemälde einzureichen, und Haise und Toru wollten zusammen ein Lebkuchenhaus basteln. So war das eben.

Aber auch Haise hatte der Einsatz bei der Auktion ein wenig verändert, obwohl Ginshi nicht genau beschreiben konnte, was anders war.

** eine der bedeutendsten japanischen Künstlerinnen der Nachkriegszeit*

„Ob er bloß müde ist?“

Da fiel ihm etwas ein, was er für Haise tun könnte. Er drehte sich auf der Stelle um und steuerte ein ganz bestimmtes Café an. Es hieß „:re“.

Ginshi stand vor dem Laden und öffnete die Tür. Der Raum war von Kaffeegeruch erfüllt. In den Wandregalen standen Bücher und Antiquitäten, die eine gemütliche Atmosphäre erzeugten. Für Ginshi war der Laden zu elegant, aber er wusste, dass Haise ihn liebte.

„Hallo!“, sagte die Chefin. Eine hübsche Frau in seinem Alter.

„Ah … hallo …“

Ginshi setzte sich an die Theke und bestellte eine Tasse Kaffee, die ihm ein wortkarger Mann hinter der Theke servierte. Der aufsteigende Dampf roch aromatisch. Ginshi trank einen Schluck. Es war genauso lecker wie beim letzten Mal. Als er mit Haise hier gewesen war, hatte der sogar Tränen vergossen.

„Heute ganz ohne Begleitung?“, fragte die Chefin.

„Ja, war spontan. Der Kaffee hier ist echt lecker.“

„Danke schön. Wir sind uns neulich im Krankenhaus begegnet, nicht wahr?“

Tatsächlich war Ginshi mit Hanbe Abara im Krankenhaus gewesen, um Juzos Vorgesetzten Shinohara zu besuchen – und war im Flur an ihr vorbeigegangen. Obwohl es nur ein kurzer Moment gewesen war, erkannte sie sein Gesicht wieder.

„Ähm, kommt Haise, mein Kollege, manchmal her? Ich war mal mit ihm und noch einem anderen Kollegen mit Augenklappe hier."

„Früher ab und zu mal, aber in letzter Zeit eher selten …", antwortete sie.

Das hieß jedoch, dass er mehrere Male hier gewesen sein musste.

„Ihr Kollege hat sicher sehr viel zu tun. Ich habe gehört, dass er Ghulermittler ist."

„Hm, eigentlich haben wir gerade mehr Zeit als sonst …"

Da Haise die Berichte über den letzten Einsatz schon abgegeben hatte, hätte er theoretisch genug Zeit gehabt, um ab und zu sein Lieblingscafé zu besuchen. Oder war er zu sehr damit beschäftigt, die inhaftierte Ghula zu verhören?

„Das CCG veranstaltet übrigens ein Kunstfest."

„Das CCG …?", fragte die Chefin skeptisch zurück.

„Komisch, was? Haise bastelt zusammen mit Toru, das ist der Kollege mit Augenklappe, ein Lebkuchenhaus. Hätten Sie nicht Lust, sich die Ausstellung anzusehen? Ist öffentlich zugänglich."

Das Event würde dieses Jahr bestimmt ein Spektakel werden.

„Lust habe ich schon … aber ich kann mein Café nicht einfach schließen."

Sie warf dem Herrn hinter der Theke einen Blick zu. Doch er wusch schweigend die Kaffeetassen ab und zeigte keine Reaktion.

„Tja. Also, wenn Sie Zeit hätten …", sagte Ginshi.

„Ja, vielen Dank", lächelte sie und ging wieder ihrer Arbeit nach. Ginshi trank seinen Kaffee aus und verließ das Café.

„Hmm, sie scheint kein Interesse zu haben …“

Haise würde sich bestimmt freuen, wenn sie zur Ausstellung käme.

„Na ja, er würde sie selber ansprechen, wenn er wollte“, entschied er und begab sich auf den Heimweg.

„Ist er weg?“, erkundigte sich ein Mann mit Brille aus der Küche heraus.

Dieser Mann war kein Geringerer als der S-Klasse-Ghul Nishio Nishiki, unter Ghulermittlern auch als „Schlange“ bekannt. Vor den Ermittlern trug er zwar eine Maske, aber er hatte sich vorsichtshalber versteckt, da Ginshi schon mal seine Stimme gehört hatte.

„Geh doch zu der Ausstellung, Chefin!“

„Idiot", erwiderte sie, Toka Kirishima, und blickte nach draußen. Was würde der junge Mann von vorhin sagen, wenn er erführe, dass Haise, früher bekannt als Ken Kaneki, mit ihr gemeinsame Sache gemacht hatte?

Nishiki bestellte sich eine Tasse Kaffee.

„Geh du doch!", sagte sie schroff.

„Hach, dieser freundliche Service!", seufzte er und ging hinter die Theke. „Ein Kunstfest … klingt wie so 'ne Schulveranstaltung."

„Schon irgendwie spannend", murmelte Toka, während sie die Kaffeetasse abwusch, die Ginshi benutzt hatte.

Schule … immer wenn sie an ihre Schulzeit dachte, spürte sie diesen Schmerz in ihrer Brust …

„Toka, wollen wir mal wieder in den Zoo gehen?"

Sie erinnerte sich an eine alte Freundin. Damals war sie noch jeden Tag zur Schule gegangen.

„In den Zoo?"

„Ja! Ich würd in den Sommerferien gern mal irgendwann mit dir zusammen hingehen. Also wenn du gerade keinen Stress hast."

„Klar. Einen Tag werd ich mir schon dafür nehmen können."

Was sie damals ihrer Freundin versprochen hatte, hatte sie bis heute nicht erfüllen können.

„Nach unserem Abschluss gehen wir getrennte Wege."

„Das macht mich jetzt schon traurig."

„Yoriko, wir müssen uns auch danach noch treffen!", hatte Toka sie gebeten, doch letztendlich musste sie Yoriko enttäuschen.

„Tja, die wollen auch mal Spaß haben", sagte Nishiki und ein flüchtiges Lächeln huschte über sein Gesicht.

„Was grinst du denn? Komischer Kerl."

„Was?", erwiderte Nishiki, ging aber nicht weiter darauf ein und setzte sich mit seinem Kaffee an die Theke. „Ich hab mich an den Trottel erinnert, den ich damals bei den Vorbereitungen fürs Unifest getroffen habe." An Nishikis Uni hatte auch *er* früher studiert.

Toka schaute schweigend nach draußen. Sie konnte sich noch genau an den Moment erinnern, als Ken – inzwischen „Haise Sasaki" – das Café :re zum ersten Mal besucht hatte.

Sie polierte die Kaffeetasse und stellte sie ins Regal zurück.

„Er scheint nette Kollegen zu haben."

Demnach zu urteilen, was Ginshi erzählt hatte, konnte sie sich gut vorstellen, dass Ken sich beim CCG wohlfühlte.

„Klar, das ist auf jeden Fall schöner, als 'nen Drachen als Arbeitskollegin zu haben."

„Willst du mich ärgern?"

Renji, der das Gespräch der beiden verfolgt hatte, blieb stumm. Toka konnte sich schon gar nicht mehr so genau erinnern, wann er sie zuletzt bei ihrem Namen genannt hatte.

„Nishiki, du gehst zu der Ausstellung. Als mein Stellvertreter."

„Soll mir extra noch ein kalter Schauer über den Rücken laufen, wo es draußen eh schon so kalt ist?", entrüstete er sich.

Sie warf einen Blick auf die Uhr. Gleich würden Studenten und Businessleute an ihrem Feierabend den Laden stürmen. Also kochte sie für sich und Yomo noch schnell einen Kaffee, um auf Touren zu kommen.

Früher, als sie das Kaffeekochen noch hatte üben müssen, war ihr Bruder Ayato ihr erster Kunde gewesen. Er hatte nie ein Lob für sie übriggehabt, egal wie sehr sie sich bemühte. Und heute? Sie hoffte, dass sie das typische Aroma des Café Antik in die Welt hinaustragen konnte, auch wenn sie noch lange nicht Yoshimuras Niveau erreicht hatte. Sie dachte wieder an Ken, der hier sogar Freudentränen vergossen hatte, auch wenn er sich heute anders nannte und sich nicht mehr erinnern konnte, wer er früher gewesen war.

Toka trank einen Schluck auf ihn. Sie betrieb diesen Laden nur, weil sie eine Abmachung mit ihm zu erfüllen hatte …

Die Sonne ging unter und das Kneipenviertel im Stadtzentrum füllte sich allmählich.

Der Ghulermittler Taishi Fura ging in einen kleinen Pub und entdeckte dort einen unscheinbaren Kollegen, der alleine an der Bar saß.

„Hey!" Fura sprach den Mann an.

Es war Take Hirako. Er drehte sich um und verbeugte sich leicht.

„Darf ich?“

„Klar.“

Also setzte sich Fura und bestellte ein Bier.

„Hätte nicht gedacht, dass das Kunstfest so ein Hype wird.“

„Ich auch nicht.“

„Take, du machst auch mit, oder? Schon einen Plan?“

„Ich will ein Foto von meinem Hund abgeben. Kuramoto hatte die Idee.“

„Aha.“

Da er in Sachen Kunst nicht sonderlich bewandert sei, erklärte Take, habe er sich bei Kuramoto ein paar Tipps geholt. Auch Kori habe sich mit Fotografie beschäftigt, doch seine Zusammenarbeit mit Mogan solle katastrophal geendet haben: Kori zufolge seien auf allen Fotos, die Mogan gemacht habe, komische Schatten abgebildet gewesen, die wie Geister ausgesehen hätten, erzählte Take weiter. Ob es daran lag, dass er in einem Tempel aufgewachsen

war? Jedenfalls sei Mogan die Lust an dem Projekt vergangen und er habe laut fluchend seine Kamera zertrümmert.

„Und wie sieht's bei dir aus?", fragte er Fura, der sich eine Zigarette anzündete.

Fura schüttelte den Kopf.

„Kunst ist nicht mein Ding. Außerdem habe ich keine Lust, etwas von Arima bewerten zu lassen, das ich amateurhaft zusammengebastelt habe."

Fura und Arima waren früher auf dieselbe Schule gegangen. Zwar nur für einige Monate, doch er konnte sich noch gut daran erinnern.

„Ich ziehe ständig um, weil ich nur hinter Ghulen her bin", hatte Arima zu Fura gesagt. Und: „Ist lange her, dass ich mit 'nem Gleichaltrigen gequatscht habe. Danke dir. Hat Spaß gemacht. Ich danke dir wirklich."

Fura war in der elften Klasse gewesen, als er Arima kennengelernt hatte. Er war nicht sehr nett gewesen und hatte manchmal unschöne Dinge gesagt, aber letztendlich hatte Fura ihm sein Leben zu verdanken. Er hatte damals durch einen Überfall einer Ghula seinen besten Freund verloren und seine Sandkastenfreundin war seitdem halb blind. Arima hatte Fura den Wunsch erfüllt, sich an der Ghula zu rächen, und anschließend die Stadt verlassen.

Das war nun über zehn Jahre her. Von Arima wusste er noch immer kaum etwas. Er war keine Person, die man mit wenigen Worten charakterisieren konnte.

„Übrigens …“ Doch Fura brach den Versuch ab, das Thema zu wechseln. Vor Kurzem hatte er aufgeschnappt, dass Arima Take wieder in seinem Team haben wollte. Takes Team sollte dann von Vizeleiter Kuramoto geführt werden. Statt ihn darauf anzusprechen, nahm er einen tiefen Zug von der Zigarette und entschied, ein andermal danach zu fragen. Take hatte mehrere Jahre als Arimas Partner gearbeitet. Seine Verantwortung wog schwer genug, auch wenn er sich nichts anmerken ließ.

„Hast du das Foto von deinem Hund dabei?“

„Nein, ich hab’s schon abgegeben.“

„Aha. Na gut, ich sehe es ja bei der Ausstellung. Ich will mit meiner Frau und meiner Tochter hingehen.“

Die Zeit verging schnell. Nur noch wenige Tage bis zum Kunstfest.

„Eins, zwei, drei … He he he.“

Das weiße Zeichenpapier wurde Stück für Stück bunter.

Hairu saß auf dem Boden und zeichnete ihr Bild mit Farbstiften. Was sie zeichnete, war ein Blumenfeld, eine alte Erinnerung.

Noch nie hatten so viele Ermittler am Kunstfest teilgenommen. Als die Bewerbungsfrist ablief, hatten es einige versäumt, ihre Werke rechtzeitig abzuliefern. Nun trat die Jury in Aktion, um die Exponate zu bewerten.

„Wo kommen die denn alle her?!"

Missmutig inspizierte Jurymitglied Matsuri Washu den Stapel der eingereichten Werke. Allein das Sichten des Materials würde enorm viel Zeit in Anspruch nehmen.

„Ist doch gut, wenn viele mitmachen", erwiderte Matsuris Vater Yoshitoki Washu, der Direktor des CCG.

„Reine Zeitverschwendung", widersprach er.

„Sie alle haben so wenig Freizeit und sich trotzdem ins Zeug gelegt. Schau dir an, was sie gemacht haben."

Mit sanften Tönen beschwichtigte Yoshitoki seinen nörgelnden Sohn.

In einer anderen Ecke des Raums begutachtete Arima einige Werke. Yoshitoki hatte ihm eingeschärft, er solle lediglich eines auswählen, das ihm gefalle. Sobald er sich für eines entschieden habe, müsse er nichts mehr machen.

Arima blätterte das Material nur grob durch. Auf diese Weise kam er schnell voran. Doch ein Werk zog seine Aufmerksamkeit auf sich.

Er hielt inne. Es war ein Bild mit vielen Blumen, einem schwarzhaarigen Jungen, der friedlich lächelte, und einem kleinen Mädchen.

„…"

Es zeigte eine Landschaft, die ihm vertraut war. Je länger er es ansah, desto mehr versank er in dem Bild.

# V

Es war der erste Tag der Ausstellung. Die Besucher strömten in die Veranstaltungshalle in der Nähe der CCG-Zentrale. Bilder, Skulpturen, Keramik – das komplette Spektrum der bildenden Kunst war vertreten. An jenen Werken, die prämiert worden waren, hingen je nach Kategorie und Platzierung Orden in unterschiedlichen Farben.

Unter den Gästen war auch Kuki. Als er sein Gemälde entdeckte, sah er, dass es einen roten Orden trug: erster Platz.

*Was auch sonst*, dachte er.

Ihm bekannte Besucher der Ausstellung würdigten seine Leistung. Kuki war Akademiestipendiat, bester Absolvent der Juniorakademie und nun hatte er zudem bewiesen, dass er auch ein Händchen fürs Gestalterische hatte.

Es störte ihn ein bisschen, dass alle anderen Quinks ebenfalls ausgezeichnet worden waren, doch er war der Einzige von ihnen, der den ersten Preis in einer Kategorie erlangt hatte.

„Kuki."

*Tch. Da ist er auch schon.*

Kukis Motivation war es stets gewesen, seinen Rivalen zu übertreffen. Wie er vermutet hatte, stand Takeomi hinter ihm.

„Herzlichen Glückwunsch zum ersten Platz."

„Ach, das ist nichts Besonderes." *Tja, da siehst du mal.*

„Kuki, du hattest vollkommen recht. Ein Meisterwerk kann man nicht an einem Tag aus dem Boden stampfen", sagte Takeomi und warf einen Blick auf Kukis Ölgemälde.

Normalerweise konnte Kuki nicht viel damit anfangen, von Takeomi gelobt zu werden. Doch heute war das anders. Was Kunst betraf, war Takeomi kein ebenbürtiger Rivale. Kuki war ihm haushoch überlegen.

„Und wie lief's bei dir?", fragte Kuki. *Hast du wenigstens 'ne Teilnehmerurkunde gekriegt?*

„Ich hab den dritten Platz belegt", antwortete Takeomi.

„Den dritten?"

Diese Antwort fand Kuki jetzt nicht so lustig. Er war Dritter geworden? Wie das?

Gut, es war nur ein dritter, kein erster Preis. Eigentlich kein Grund, aus der Haut zu fahren. Kuki versuchte cool zu bleiben, doch sein Herz klopfte immer schneller.

„Danke für deine Ratschläge", sagte Takeomi. „Ohne dich hätte ich das nicht geschafft."

„Gern geschehen." *Wann hab ich ihm denn Tipps gegeben?! Hat er was gemalt? Wie ich?*

Kukis Laune sank allmählich in den Keller. Zum Glück schien Takeomi, der davon nichts merkte, den Smalltalk beenden zu wollen.

„Na, dann …"

Im nächsten Augenblick stürmte jemand herbei, direkt auf Takeomi zu.

„Hey, ich hab dein Kunstwerk gesehen! Wirklich genial!"

Das war Kuramoto Ito, ein Ermittler mit Augen wie schmale Schlitze. Shinji Michibata, unverkennbar mit seinen langen Koteletten, war ihm gefolgt. Beide waren älter als Takeomi, doch sie gehörten demselben Team an.

„Wie hast du so ein Riesending transportiert? Und woher hast du das Material?!"

*Riesending? Material?*

„Ich bin mit meinem Vater zusammen auf einen Berg gefahren."

*Auf einen Berg?*

„Kuramoto hat die ganze Zeit mit offenem Mund nach oben gegafft."

*Nach oben?*

„Michy war auch begeistert! Er wär am liebsten raufgeklettert!"

*Raufgeklettert?*

Die beiden Kollegen lobten Takeomi in den Himmel.

*Die schmeicheln sich doch bloß gegenseitig, weil sie im selben Team sind*, ärgerte sich Kuki.

Er ertrug diese Bauchpinselei nicht mehr. Leise schlich er sich davon, um Takeomis Werk auszukundschaften.

*Takeomi, was hast du da zusammengebastelt? Aber er hat mit Kunst nichts am Hut, also was soll's? Ist sicher bloß kindisches Zeug, das nichts als Hohn und Spott verdient …*

Da hörte er jemanden sagen: „Hey, hast du dir schon Takeomis Einreichung angeschaut?"

Nicht nur Kuramoto und Shinji, sondern auch Ermittler, die mit Takeomi kaum etwas zu tun hatten, waren von seinem Werk angetan. Kuki suchte dort, wo sich eine Menschentraube gebildet hatte, und wurde fündig.

„…?!"

Das Werk war riesig. Trotz der Menschenmenge konnte er die Spitze erkennen.

„Ein Totempfahl?!"

Er war circa drei Meter hoch, grob geschnitzt und nicht sonderlich professionell verarbeitet, doch es war auf jeden Fall ein echter Blickfang.

Kuki bemerkte erst jetzt, dass ihm der Mund offen stand, so verblüfft war er. Wie war Takeomi nur darauf gekommen, so ein verrücktes Ding zu bauen? Da fiel ihm sein Gespräch mit Takeomi wieder ein, als ihm er empfohlen hatte, vielleicht lieber Holzstücke statt feiner Pinsel zu verwenden. Er hatte das nur so dahingesagt, aus reiner Gehässigkeit, doch Takeomi hatte es ernst genommen.

„Das passt zu Takeomi!“

„Er ist so originell!“

Alle sprachen nur von Takeomi.

*Und genau deshalb hasse ich ihn!*, wetterte Kuki innerlich und verließ zähneknirschend die Veranstaltung.

Kurz danach erreichten zwei Frauen den Totempfahl.

„Frau Kuroiwa!“

Eine groß gewachsene Ermittlerin mit einem Muttermal auf der Stirn näherte sich den beiden. Es war Misato Gori, die am Kampf gegen den Phönixbaum sowie am Einsatz im 20. Bezirk teilgenommen hatte.

„Hallo, Misato!“

Die Angesprochene, Kuroiwas Ehefrau und Takeomis Mutter, lächelte. Sie wirkte noch jung und sah nicht aus wie eine Frau, die schon einen volljährigen Sohn hatte – anders als ihr Mann, der wesentlich älter und irgendwie würdevoll wirkte.

„Wir haben uns lange nicht gesehen“, stellte Misato fest.

„In der Tat.“

„Ich muss sagen, ich bin echt begeistert, was Takeomi hier zustande gebracht hat“, lobte sie, während sie den Totempfahl betrachtete. „Er ist vielseitig begabt.“

„Misato, ich weiß das wirklich zu schätzen, wenn du das sagst. Mein Mann lobt dich in den höchsten Tönen!“

„Ach was! Ich bin doch viel zu schlecht“, erwiderte Misato, obwohl sie gerne hörte, dass ihr Chef sie schätzte.

„Haben Sie die Werke Ihres Gatten auch schon gesehen? Der große Teller, den Herr Kuroiwa gemacht hat, ist wunderschön.“

Kuroiwa hatte bei einem Einsatz seinen linken Arm verloren, war aber immer noch an der Front tätig. Es war schwer vorstellbar, dass der Teller, den er getöpfert hatte, von einem Einarmigen stammte.

Kuroiwas Frau schüttelte den Kopf.

„Eigentlich bin ich nur hier, um Frau Shinohara zu begleiten“, sagte sie. Die Frau neben ihr lächelte. Sie war die Gattin von Fahnder Shinohara.

„Ach, Sie sind also Frau Shinohara!“

Misato verneigte sich.

„Ich bin wegen Juzos Bild gekommen“, sagte Shinoharas Frau. Schon seit einiger Zeit lag Ermittler Shinohara im Koma, seine Frau schien aber immer noch engen Kontakt zu Juzo zu pflegen.

„Suzuyas Bild habe ich in der Mitte der Halle gesehen. Neben einem Kornkreis aus Origami, den Suzuyas Kollege Mikage gemacht hat“, erklärte Misato.

Sie wechselten noch einige Worte und verabschiedeten sich schließlich.

Misato blickte den beiden Frauen noch eine Weile nach und musste an ihren geliebten Kotaro Amon denken.

Kotaro hatte einen ausgeprägten Gerechtigkeitssinn gehabt und war ein kompetenter Ermittler gewesen. Ihm sollte die Zukunft gehören. Es hieß, er sei beim Einsatz gegen die Eule gefallen, doch sein Leichnam wurde nie gefunden und Misato konnte bis heute nicht glauben, dass er wahrhaftig tot war.

„Hey, Misato“, riss jemand sie aus ihren Gedanken. Sie zuckte zusammen.

„Alles okay bei dir?“

Es war ihre Kollegin Akira Mado. Sie und Misato duzten sich, obwohl Akira um einiges jünger war. Mittlerweile hatte Akira einen höheren Rang, doch in ihrem Umgang miteinander spielte die Hierarchie keine Rolle.

„Ich habe gerade Frau Kuroiwa und Frau Shinohara getroffen."

„Ach, echt? Dann muss ich sie auch begrüßen", sagte Akira. In den letzten Jahren war ihre äußere Erscheinung um einiges reifer geworden, was vermutlich daran lag, dass sie als Mentorin nun junge Kollegen wie Haise und die Quinks betreute.

„Okay, also …"

„Ja, mach's gut!"

Akira drehte sich um. Betrachtete man ihren zierlichen Körper, war es kaum zu glauben, welch große Last sie zu tragen hatte.

„Akira …", begann Misato erneut.

„Ja?"

Akira war eine begabte Ermittlerin, die sich mit Quinken besonders gut auskannte. Sicher war sie ein großes Vorbild für junge Ermittlerinnen. Auf der anderen Seite wusste Misato, dass selbst Akira manchmal Schwäche zeigte. Ihre Tränen, die sie für Kotaro und Seido vergossen hatte, würde sie nie vergessen. Misato erinnerte sich an den Ghul, der bei der Auktion für große Verwirrung gesorgt hatte. In ihrem Umfeld war niemand, der ohne begründeten Verdacht Ängste schüren wollte. Trotzdem kursierte das Gerücht, dass der Ghul Seido Takizawa gewesen sein könnte.

„Misato …?"

Mit einiger Skepsis musterte Akira ihre Kollegin, die stumm vor ihr stand. Sie legte den Kopf zur Seite.

„Bringst du mich zu den beiden Damen, wenn du gerade nichts Besseres zu tun hast? Nachher zeige ich dir einen leckeren Inder hier in der Nähe."

Das war eine recht umständliche Einladung zum Mittagessen gewesen.

„Hast du Lust?", fragte Akira und grinste.

Misato atmete tief ein und nickte.

„Komm mit!"

„Danke", erwiderte Akira.

Die Veranstaltungshalle war zum Bersten voll mit Besuchern, die sich neugierig die Kunstwerke anschauten und sich mit ihren Kollegen austauschten. Auch Ghulermittler brauchten mal Entspannung und etwas Freizeit, in der sie sich wie normale Menschen vergnügen können.

Hairu lief alleine in der Halle umher. Sie nahm sich ausgiebig Zeit, die Exponate zu betrachten. Jene, die erste, zweite und dritte Preise bekommen hatten, trugen Orden mit Bändern.

Irgendwann entdeckte sie ihr eigenes Werk und blieb stehen. Neben ihrem Namen hing ein blauer Orden: der zweite Platz.

„Mist. Ich wollte Herrn Arimas Auszeichnung bekommen!"

Der Sonderpreis, den Arima vergeben hatte, war ihr verwehrt geblieben. Eingeschnappt verschränkte sie ihre Hände hinter dem Kopf. Ein zweiter Platz hatte keinen Wert für sie.

„Ich muss einfach nur Ghule vernichten. Ganz, ganz viele."

Unterm Strich war das der beste Weg, Arimas Anerkennung zu erhalten.

Dann spürte sie, dass sich ihr jemand näherte. Sie hörte ein leises Flüstern und sogleich tauchte ein Mann mit Brille neben ihr auf.

„Herr Arima, ich hätte so gern den Arima-Preis bekommen!"

„Den Ehrenpreis?“

„Ja, ich nenne ihn einfach den Arima-Preis“, erklärte sie.

Arima schwieg.

„Ich hab mich echt total angestrengt“, untermauerte Hairu ihren Wunsch und zeigte mit dem Finger auf ihr Werk. Auf dem Bild waren ein junger Mann und ein kleines Mädchen zu sehen, die auf einem Feld voller Blumen standen.

„Das ist nicht mal in die engere Auswahl gekommen“, entgegnete Arima.

„Hää?!“

Schmollend plusterte Hairu ihre Backen auf, doch Arima sprach weiter: „Ich kann es nicht bewerten. Ich kenne diese Landschaft einfach zu gut.“

Es war ein Ort, der in seinem Gedächtnis tief verwurzelt war: der „Sonnige Garten“. Ein goldener Käfig, in dem Kinder erzogen wurden, die weder Menschen noch Ghule waren. Diese Kinder wurden als Ermittler ausgebildet, ohne das Geheimnis ihrer Herkunft anderen anvertrauen zu dürfen.

Arima hatte Hairu dort kennengelernt und für Hairu war es ein großes Ding, dass sie und Arima diese Gemeinsamkeit teilten.

„Nächstes Jahr kommt Seow zu uns.“ Auch sie stammte aus dem Garten.

„Seow?! Sie hat mir früher immer die Ohren geputzt, während ich auf ihrem Schoß saß. Oh, ich freue mich riesig, dass sie kommt!“

„Sei schön lieb zu ihr, ja?“, bat er und wandte sich zum Gehen.

Da stand plötzlich ein anderer Mann neben ihr.

„Hairu …“

„Hallo, Kori.“

„Zweiter Platz? Nicht schlecht“, sagte Kori und musterte ihr Bild.

„Kori, du hast doch sogar einen ersten Preis bekommen!“

Als Hairu und Kori weiterliefen, ging Hairu ein paar Schritte vor ihm. Im Dienst meckerte er sofort, wenn sie vor ihm lief, doch heute hatte er nichts zu beanstanden.

„Das Werk mit dem Sonderpreis war total verrückt. So was kann auch nur Herr Arima aussuchen“, sagte Kori.

Saiko war die Gewinnerin. Ihr Bild hieß: „Der allerstärkste Ermittler in meiner Fantasie“. Ein muskulöser Ermittler mit keulenförmiger Quinke war darauf zu sehen. Angeblich soll Kuki sie dazu inspiriert haben.

„Herr Arima meinte, dass es ihm gefallen hat, weil er noch nie so etwas gesehen hat. Einen seltsamen Geschmack hat der“, befand Kori. „Sasakis Lebkuchenhaus war aber auch total irre, genau wie das Bild mit diesen unzähligen Kreisen. Quinks sind echt Freaks …“

„Kori!“, unterbrach Hairu Koris Monolog.

„Ja?“

„Lass uns Ghule jagen gehen“, schlug Hairu vor. Sie fand, dass sie mit der Ausstellung durch war.

„Ich hab heute frei.“

„Ich auch", sagte Hairu und lächelte. „Keine Lust? Es gibt noch 'ne Menge Fälle, die wir klären müssen. Mit 'ner Quinke können wir besser hantieren als mit Stift und Schere."

Hairu steuerte auf den Ausgang zu.

„Wenn du nicht mitkommst, gehe ich alleine!" *Ich darf keine Zeit verlieren*, schoss es Hairu durch den Kopf. *Unser Leben ist kurz.*

Wozu sie zur Welt gekommen war und warum es ihr Schicksal war, Ghule zu bekämpfen, war ihr völlig egal. Sie wollte bloß, dass der Mann ihrer Träume ihr noch einmal über den Kopf streichelte. Mehr wünschte sie sich nicht.

Hinter Hairu seufzte Kori, raffte sich aber gleich wieder auf und zog an ihr vorbei.

„Na, dann los!" sagte er.

„Jawohl!"

TOKYO GHOUL

# #006

# [ gesuch ]

rë

LIGHT NOVEL

suche

# I

Itsuki Marude war Erster Fahnder des Dezernats II. Er hatte als Kommandant unzählige Einsätze geleitet und nun war er der Vordenker des CCG. Im Moment aber hatte er alle Hände voll damit zu tun, seinen salzverkrusteten Kollegen Mogan Tanakamaru ins Büro zu schleppen. Wie war es nur so weit gekommen?

„Frau Aura, was kann ich für Sie tun?“, fragte Marude seine Vorgesetzte.

Einige Tage nach dem erfolgreichen Kunstfest wurde er von der Ersten Fahnderin Kiyoko Aura einbestellt. Sie hatte glänzende schwarze Haare und ein Muttermal am Mund: Die Leiterin des Dezernats I bestach durch ein elegantes Äußeres und bildete parallel zu ihren Einsätzen junge Ermittler aus, so zum Beispiel Keijin Nakarai vom Team Suzuya. Auch Kureo Mado und Kisho Arima waren ihre Schüler gewesen.

„Sorry, Itsuki. Ich weiß, du hast viel zu tun.“

Marude war auch einer ihrer Lehrlinge gewesen. Es war ungewöhnlich, dass sie ihn mit Vornamen ansprach. Ging es vielleicht um eine private Angelegenheit?

„Schaust du dir bitte mal diese Fotos an?"

Kiyoko holte einen Stapel Fotos aus der Schublade und händigte sie ihm aus.

„Und was soll damit sein?"

Auf einem der Bilder war ein Ermittler zu sehen, der mit beiden Händen Peace-Zeichen formte. Wäre es nicht Kiyokos Bitte gewesen, hätte er die Fotos gleich wieder hingeworfen. So aber untersuchte er die Szenerie auf Besonderheiten und dabei fiel

ihm eine eigenartige Hand auf der Schulter des Ermittlers auf, der abgesehen von dieser Hand völlig alleine zu sehen war.

„Das ist …"

Skeptisch schaute Marude zu Kiyoko hoch. Schweigend bedeutete sie ihm, die weiteren Fotos zu sichten. Das nächste schien in einer alten Fabrik geschossen worden zu sein.

„Was …?!"

Auf dem darauffolgenden Bild war ein Oberkörper mit Krallen eines Ghuls zu erkennen. Auch die restlichen Fotos zeigten unnatürliche Körper mit Ghul-Krallen.

„Kiyoko …"

„Das sind sogenannte Geisterfotos … von Ghulgeistern."

*Schwachsinnig*, schoss es ihm durch den Kopf, doch sogleich fiel ihm ein, wer die Fotos gemacht haben könnte.

„Sind die von Mogan?"

„Richtig."

Marude erinnerte sich, dass Mogan aus einem buddhistischen Tempel stammte. Mogan behauptete immer wieder, dass er schon seit seiner Kindheit Geister sähe. Das war der eigentliche Grund, warum er Ghulermittler statt Priester geworden war – wenngleich die Ghulbekämpfung auch eine Tätigkeit war, bei der es um Leben und Tod ging.

„Itsuki, da ist ein Geist! Der Geist einer Ghula mit weißem Kimono! Sie starrt mich an mit ihrem grollenden Blick!" So hatte er neulich erst wieder davon angefangen.

„Mogan, du arbeitest zu viel“, hatte Marude versucht, ihn zu beruhigen.

Doch nun sah Marude wahrhaftig ebenjene Geister auf Mogans Fotos und da er Mogan in diesem Punkt nie wirklich geglaubt hatte, war er einigermaßen geschockt.

„Und was sagen die Ermittler dazu, die auf den Bildern sind?“, erkundigte sich Marude. Auf manchen Fotos waren dutzende Ghulgeister zu sehen.

„Sie machen sich Sorgen, von den Geistern der Ghule, die sie vernichtet haben, besessen zu sein.“

Marude fasste sich mit der Hand an die Stirn und stöhnte. Ghule waren die Feinde der Menschheit, aber viele Ermittler litten darunter, dass sie ihnen das Leben nahmen. Wenn sie glaubten, von den Geistern besessen zu sein, und sich das Gerücht verbreitete, würde das die Moral der Ermittler alles andere als positiv beeinflussen.

„Mogan behauptet, er würde jeden Tag von Geistern heimgesucht werden. Wir müssen unbedingt was tun, bevor das ein Riesenskandal wird. Itsuki, hast du vielleicht ’ne Idee?“

Das Dezernat II vollzieht keine Exorzismen, hätte Marude am liebsten gesagt, aber ihm war klar, dass Kiyoko sonst niemanden kannte, an den sie sich wenden konnte. Jemand musste den Ermittlern, die Mogan fotografiert hatte, die Angst nehmen und ihnen gut zureden.

„Ich habe keine Ahnung, wie man Geister vertreibt. Wollen wir Salz verstreuen? Ha ha … ha …", scherzte Marude halbherzig.

Doch Kiyoko fand die Idee gut.

„Ja, das machen wir."

„Hä?"

„Wir streuen Salz, um die bösen Geister zu vertreiben."

„Aber, Kiyoko …"

Kiyoko verstaute die Fotos und stand auf.

„Wichtig ist, dass wir überhaupt irgendwas tun. Wenn sich die Leute auf diesen Fotos vor den Geistern in Sicherheit wähnen, hat sich die Sache doch schon erledigt. Gut, dann machen wir das nächsten Freitag, in Ordnung? Ich verlass mich auf dich, Itsuki!"

Mit forschen Schritten verließ Kiyoko das Büro. Marude blickte ihr nach.

„Und das Salz soll ich jetzt besorgen?", murmelte er. „Na, toll …"

Auch wenn er Erster Fahnder war, letztendlich war er ihr Untergebener. Er stöhnte. Er hatte jetzt schon keine Lust auf den Job am kommenden Freitag.

Puuh ...

# II

Einige Tage später waren Marude, Mogan und Kiyoko mit einem Eimer voll geweihtem Salz unterwegs, das Marude gemeinsam mit seinem Assistenten Mabuchi bei mehreren Schreinen gesammelt hatte. Zusammen suchten sie systematisch alle Ermittler auf, die auf Mogans Fotos zu sehen waren, und streuten das reinigende Salz über sie.

„Itsuki-Boy! Es tut mir leid, dass ich deine Zeit in Anspruch nehme“, seufzte Mogan. „In letzter Zeit habe ich jede Nacht denselben Albtraum, eine regelrechte Schlafstarre. In meinem Traum ruft mich eine dürre Frau: ‚Komm zu mir, komm zu mir!‘ Ich habe schon alle möglichen Geister gesehen, aber sie ist einer der gruseligsten!“

„Das tut mir echt leid“, beteuerte Marude. Er hatte keine große Lust auf dieses Ritual, hatte aber schon Mitleid mit Mogan, der ihn mit roten Augen und dicken Augenringen anstarrte.

„Komm, wir vertreiben die bösen Geister.“

Mogan nahm das geweihte Salz und verstreute es auf der Brust, dem Rücken und den Füßen der Ermittler, die von ihm fotografiert worden waren. Der Sohn eines buddhistischen Tempelpriesters verstreute Salz aus einem shintoistischen Schrein – ein komischer Anblick, doch die Ermittler, die das Shinto-Ritual von ihm empfingen, waren begeistert.

„Welch ein Glück, dass sich der Herr Fahnder extra Zeit für uns nimmt!"

Die Aufwartung der drei Fahnder war wohl um einiges wirksamer als das Ritual selbst.

„Ich glaube, jetzt haben wir alle durch ..."

Einige Stunden hatte es gedauert, alle betroffenen Ermittler des CCG mit Salz zu balsamieren. Doch ihre Mission war noch nicht abgeschlossen.

„Wir müssen noch die Orte besuchen, an denen ich fotografiert habe."

Auch auf den Fotos, die er auf offener Straße gemacht hatte, waren die Fratzen hasserfüllter Ghule abgelichtet.

„Ist das wirklich nötig?"

„Komm, lass uns Mogan begleiten, dann ist er zufrieden", sagte Kiyoko.

„Unsere Aufgabe ist es, Ghule zu bekämpfen", warf Mogan ein, „selbst wenn sie in Form von Geistern erscheinen."

*Das kannst du doch dann den verstorbenen Kollegen überlassen*, spottete Marude innerlich, aber es schien, als käme er sowieso nicht drum herum, sie noch bis zum Ende der Tour zu begleiten.

Mogan erzählte, dass er während eines Spaziergangs nach Lust und Laune fotografiert habe, und wie sich herausstellte, führte die Route durch ein großes Gebiet. Sowohl Kiyoko als auch Mogan waren älter als Marude, aber Marude merkte, dass die beiden, die noch oft an der Front kämpften, viel fitter waren als er, wo er doch seine Zeit meistens damit verbrachte, im Büro zu sitzen und Strategien auszuarbeiten.

Die Orte, an denen Mogan seine Fotos geschossen hatte, waren ehemalige Einsatzorte seiner Kollegen, zum Beispiel das Stadtzentrum, in dem die Quinks vor Kurzem erst einer Ghula begegnet waren, oder die alte Fabrik, in der Team Suzuya eine Gruppe Ghule vernichtet hatte. Auf einem Foto war ein Geist zu sehen, der aus irgendeinem Grund Aerobic machte, und Marude dachte noch: *Vielleicht wäre Mogans seherische Fähigkeit für künftige Ermittlungen ganz nützlich?*

„Das hier ist die letzte Location, ja?"

Sie waren an einem einstöckigen, halb verfallenen Haus angelangt, verborgen hinter hohen Bäumen, der Garten von Unkraut überwuchert. Durch die kaputten Fenster war Efeu gewachsen.

„Was wolltest du hier fotografieren?“, fragte Marude. Mogan war sogar ins Haus gegangen.

„Ich habe mich von dem Haus irgendwie angesprochen gefühlt.“

„Häää?“

Marude schlug vor, einfach vor der Eingangstür eine Prise Salz zu verstreuen, während Kiyoko das Gebäude durch die Hintertür betrat.

„Hiaaah ...“

Im Haus war es stockfinster. Die Decken waren mit Spinnweben bedeckt, die Tapete hing in Fetzen von den Wänden und der Dielenboden knarzte bei jedem Schritt. Selbst Marude, der nicht an Geister glaubte, spürte die negative Energie an diesem Ort.

„Dieses Zimmer ist es, richtig?“

Auf dem Wohnzimmerboden lag ein Geschirrregal und der Esstisch war mit einer dicken Staubschicht bedeckt. Mogan warf einen Blick auf das Foto, das er hier geschossen hatte. Ein weiblicher Geist war darauf abgebildet. Mogan verstreute Salz auf dem Tisch und sprach Gebete, mischte also Elemente der buddhistischen Zeremonie unter die shintoistische.

„Erledigt?“, fragte Marude, als Mogan mit dem Gebet fertig zu sein schien. Er wirkte etwas erleichtert.

„...?“

Plötzlich hörte Marude ein Knarzen. Mogan zuckte zusammen und schaute zu Kiyoko. Sie legte ihren Zeigefinger auf die Lippen und beobachtete die Zimmertür.

Knarz, knarz, knarz, knarz …

Die Geräusche kamen aus dem Flur. Der alte Boden ächzte unter der Last.

*Das kann nicht wahr sein!* Marudes Herz raste. Mogan schwitzte und packte Marude an der Schulter. Kiyoko beobachtete noch immer voller Anspannung die Tür. Da huschte ein Schatten vorbei.

„Seid ihr Tauben?"

Eine Ghula mit roten Augen und Krallen auf dem Rücken stürmte ins Zimmer. War sie der Geist von dem Foto?

„Neeeeeein!", schrie Mogan und presste seine Finger mit aller Kraft in Marudes Schulter.

„Aaaargh! Autsch!"

Es fühlte sich an, als hätte Mogan ihm das Schulterblatt gebrochen.

„Seht euch ihre Beine an! Sie ist kein Geist", beschwichtigte Kiyoko, drückte den Knopf ihres Koffers, nahm die gewehrförmige Quinke „Zebizu" heraus und betätigte den Abzug.

„Aaaargh!"

Alle Schüsse trafen die Ghula und sie wurde gegen die Wand geschleudert, von der durch den Aufprall der Putz bröselte. Kiyoko trennte ihre Quinke in zwei Teile und gab der Ghula im Zwei-Schwerter-Stil den Gnadenstoß. Der ganze Kampf dauerte nur acht Sekunden.

„Das war kein Geist, sondern eine quicklebendige Ghula, folgerte sie und fügte cool hinzu: „Zumindest bis vor ein paar Sekunden."

„Lady Kiyoko, du bist unsere Retterin!“, stöhnte Mogan und ließ von Marude ab.

Marudes Schulter schmerzte gewaltig. Sein Kollege war viel gefährlicher als irgendwelche Geister.

„Haben Sie die Ghula erwischt?“ fragte eine fremde Stimme und wie aus dem Nichts stand plötzlich eine dürre Frau am Esstisch. Sie lächelte.

„Ich hatte es in letzter Zeit nicht so leicht, weil sich die Ghula hier eingenistet hatte. Sie haben mich gerettet, vielen Dank.“

Die Frau verbeugte sich und löste sich in Luft auf.

Marude und Mogan starrten mit aufgerissenen Augen auf jene Stelle, an der sie eben noch gestanden hatte.

„Neeeeeeeein!“ schrie Mogan erneut, als er wieder zu sich kam. Hysterisch griff er nach dem restlichen Salz im Eimer, schüttete es sich über den Kopf und fiel zu Boden. Die maroden Bretter brachen unter seinem Gewicht entzwei.

„Mogan, alles okay?!“

Er schüttelte seinen Kopf. Er war sowohl körperlich als auch mental so am Ende, dass er nicht mal aufstehen konnte.

„Itsuki, trägst du ihn?“, fragte Kiyoko.

„Ich soll ihn tragen?“

Marude musterte Mogans riesigen Körper. Sicher wog er doppelt so viel wie er selbst. Außerdem hatte er ziemliche Schulterschmerzen.

„Wir können ihn doch nicht hierlassen! Itsuki, das packst du schon. Du gehst ja regelmäßig zum Training, auch wenn du nicht mehr an der Front stehst. Außerdem …“ Nach einer kurzen Pause sprach sie weiter: „Ich habe eine Ghula vernichtet. Was hast du heute schon geschafft, Fahnder Marude?“

Marude fand es unpassend, zu erwähnen, dass er das Salz besorgt hatte.

*Heute Abend*, dachte er bei sich, *schwinge ich mich auf mein Motorrad. Und dann fahre ich irgendwohin, wo weder Menschen noch Ghule noch Geister leben.*

Dann fasste er dem in einem Salzhäufchen hockenden und schmerzverzerrt dreinblickenden Mogan unter die Arme.

Nach einer langen Pause ist endlich wieder eine Novel von Tokyo Ghoul erschienen!
Ich danke euch, dass ihr euch für dieses Buch entschieden habt.
Was mir nach dem Lesen dieser Novel als Erstes in den Sinn kam, war, dass Miyuki echt total verrückt ist! Während der Arbeit an der Novel soll Herr Towada immer wieder vom Weltraum geträumt haben, was dann auch in die Novel mit eingeflossen ist.
Miyuki meinte ja: „Wenn du keinen guten Einfall hast, kehrst du zum Ausgangspunkt zurück. Der beste Weg ist, sich zu vergegenwärtigen, wie das Universum entstanden ist."
Das trifft es eigentlich ziemlich gut.
Ich mag die Szene, in der Mizuro zum Château geht, um den Pudding zu holen.
Saiko, warum warst du überhaupt zu Hause?

Ich danke Herrn Towada, Herrn Rokugo, Jbook und meinen Leserinnen und Lesern von ganzem Herzen!

Nun mache ich mich auf, die Geheimnisse des Weltraums zu lüften.
Wir sehen uns bald wieder!

26. November 2016 Sui Ishida

Es freut mich, dass ich erneut die Gelegenheit bekommen habe, eine Novel zu „Tokyo Ghoul" zu übernehmen!

Vor dem Verfassen der jeweiligen Episoden habe ich selbst einen Pudding in einem Eimer angerührt, habe Origamikraniche und -sterne gebastelt, unzählige Kreise auf Papier gemalt und so lange zum Thema Weltraum recherchiert, bis ich davon Albträume bekam.

Die Arbeit an diesem Buch war eine spannende Zeit!

Ich hoffe, dass ich dabei helfen konnte, die von Herrn Ishida erschaffene Welt von „Tokyo Ghoul:re", die von so vielen Fans geliebt wird, ein Stück weit zu erhellen.

Zuletzt bleibt mir nur noch, mich ganz herzlich bei all jenen zu bedanken, die diese Geschichte gelesen haben!

**shin Towada**

## Itsuki Marude

Erster Fahnder (50. Jahrgang)

Geburtstag: 25. Oktober  männlich
Blutgruppe: 0
Grösse: 177 cm  Gewicht: 66 kg

Der Elite-Ghulermittler arbeitet seit seinem ersten Dienstjahr unter Yoshitoki Washu, der ihm die Methoden der Ermittlung beibrachte. Er gehörte zunächst dem Dezernat I an, wo er an vorderster Front kämpfte, verliess das Team jedoch nach dem Tod eines Untergebenen, den er zu verantworten hatte. Nachdem er dem Dezernat II zugewiesen wurde, legte er eine steile Karriere hin und stieg zum Ersten Fahnder auf.

Sein Hobby: Motorradfahren.
Seit einem Einsatz vor einigen Jahren lässt er Juzo nicht mehr auch nur in die Nähe seines Motorrads kommen.

# TOKYO GHOUL:re

LIGHT NOVEL

## suche

# TOKYO GHOUL:re
## suche LIGHT NOVEL



First published in Japan in 2016 by SHUEISHA Inc., Tokyo.
German translation rights in Germany, Austria,
German-speaking Switzerland and Luxembourg
arranged by SHUEISHA Inc.

Deutschsprachige Ausgabe / German Edition

CH-1007 Lausanne

Verlegt unter dem Label KAZÉ MANGA
durch VIZ Media Switzerland SA

Aus dem Japanischen von Yuko Keller

Redaktion: Frederike Demarczyk

Produktion: Dorothea Styra

Lettering: Studio CHARON

Druck und Bindung: GGP Media GmbH, Pößneck



ISBN 978-2-88921-821-9

ALLTAG, LEERE, ALTE ZEITEN
KAZÉ MANGA
TOKYO GHOUL
Light Novels
original story
sui ishida
novel
shin Towada
Die Light Novels zur Serie
Kurzgeschichten und Zwischentöne aus dem Leben der Ghule – zahlreich illustriert von Sui Ishida
Alte Zeiten
Leere
Alltag
Cover-Abbildungen nicht verbindlich